Vulnerabilidade Feminina

Perspectivas Históricas e Políticas de Proteção

Vulnerabilidade Feminina

Perspectivas Históricas e Políticas de Proteção

Organização:
Projeto H.

Presidente:
Simone Seghese

LACIER

LACIER

Lacier Livraria e Editora
www.livrarialacier.com.br

Rua Doutor Quirino, 808 – Centro
CEP 13015-081 – Campinas, SP – Brasil

Setembro, 2024

Diretor: *Lacier José de Rezende*
Coordenação editorial e projeto de capa: *Eduardo Aureliano*
Projeto gráfico e editoração eletrônica: Peter Fritz Strotbek — *The Best Page*

Esta é uma obra coletiva.
A responsabilidade pelo conteúdo de cada texto
é exclusiva do seu autor.

Ficha Catalográfica

Dados Internacionais de Catalogação na Publicação (CIP)
(Câmara Brasileira do Livro, SP, Brasil)

V991 Vulnerabilidade feminina : perspectivas históricas e políticas de proteção / organização Simone Sechese. — Campinas, SP : Lacier Editora, 2024.
132 p. ; 16 x 23 cm.

ISBN 978-85-64412-34-4

1. Vulnerabilidade feminina. 2. Desigualdade de gênero. 3. Influências socioculturais. 4. Políticas judiciais de proteção à mulher. I. Sechese, Simone.

CDU 342.7

Índices para catálogo sistemático:

1. Vulnerabilidade feminina — Perspectivas históricas

Angela Schmidt da Rosa – Bibliotecária – CRB-14/1171

Sumário

Prefácio

Ao mesmo tempo que me debruço sobre os artigos que compõem a presente obra, é publicado o Anuário Brasileiro de Segurança Pública de 2024, noticiando que um estupro contra uma mulher ou menina é cometido a cada seis minutos. Constata-se, da análise do perfil das vítimas, que 76% eram vulneráveis; 88,2% do sexo feminino; 52,2% negras; 61,6% têm até 13 anos; 11,1% entre 0 e 4 anos; 18% entre 5 e 9 anos; 32,5% entre 10 e 13 anos.

Sentimentos de angústia, tristeza e revolta são inevitáveis. E olhando para a sociedade brasileira, indagações se tornam inevitáveis: por que mulheres e crianças são abusadas, estupradas e mortas nas ruas e em seus lares? Por que mulheres são discriminadas, preteridas e assediadas moral e sexualmente em seus postos de trabalho? Qual o motivo da escassez da representatividade feminina nos postos de poder? Como o patriarcado e o machismo se mantêm? Quais os normativos de proteção e resistência de todas as mulheres? Qual a resposta eficaz dos poderes constituídos? Afinal, "em que momento histórico fomos deixadas de lado"?

Nesse contexto realista e atual, e em meio a tantas possíveis indagações, a abordagem temática da presente obra se torna absolutamente necessária e soa como um "grito". Então, por favor, "ouçam".

Justamente, as autoras, renomadas profissionais de variados campos de atuação, psicólogas, historiadoras, professoras e juristas, pesquisam, refletem e informam, com criticidade e por meio de textos independentes e complementares, sobre a construção da subjetividade do gênero feminino e de seu "moldado" papel social, e de que forma essa construção passa a servir aos interesses da sociedade patriarcal, resultando na dominação do gênero feminino pelo masculino, na apropriação do corpo e mente das mulheres, na divisão sexual e racial do trabalho, na banalização da violência e da discriminação contra a mulher em todos os seus formatos e espaços de vivência.

O enfrentamento das questões de gênero, em perspectiva histórica, social e antropológica, permite a compreensão de que ao longo do tempo consolidou-se a ideia de ser a mulher um ser "frágil" e "inferior", relegada ao trabalho de cuidados e de reprodução, cabendo ao homem avançar nos espaços públicos e exercer o poder. Neste momento histórico, em que há um despertar da importância do respeito à diversidade e à igualdade, ainda recebemos diariamente uma carga de ensinamentos e orientações aptos a manter um estado patriarcal e machista em todas as coisas e comportamentos.

Os textos demonstram a relação de todas essas questões com a violência de gênero e discriminações nos ambientes com presença das mulheres, incluindo aqui o mercado de trabalho, onde ainda falta representatividade feminina nos cargos de direção e onde impera a desigualdade salarial e a consideração de existência de tarefas femininas e masculinas. Some-se a tais constatações o assédio moral e sexual, no âmbito laboral.

As autoras avançam para o enfrentamento de questões e movimentos sociais absolutamente interligados e de conhecimento imprescindível, quando o intuito é compreender e defender o direito à igualdade e à dignidade das mulheres. Assim, não escapa a esta obra a necessária e importante referência aos movimentos feministas, com a inafastável consideração da acentuada vulnerabilidade das mulheres negras e das mulheres transexuais. O feminismo negro, o transfeminismo, o ecofeminismo e outras intersecções são então considerados e colocados como temas de reflexão necessária.

E não há como negar a existência do forte arcabouço normativo e protetivo, citam-se o CEDAW — Declaração sobre a Eliminação de todas as Formas de Discriminação contra a Mulher, a Lei Maria da Penha, Lei Carolina Dieckmann, a Lei do Minuto Seguinte, a Lei Joana Maranhão, a Lei do Feminicídio, a Lei Mariana Ferrer, o reconhecimento do crime de violência institucional acrescentando-o à Lei do Abuso de autoridade. A lado desse cenário, está presente a resistência oposta pelo patriarcado, alicerçado no machismo, na misogenia e no sexismo. A realidade violenta e discriminatória que vitima as pessoas do gênero feminino se impõe.

O enfoque dos textos passa igualmente pela crítica quanto à atuação e responsabilidade dos poderes constituídos e instituições públicas; coube a referência ao Poder Judiciário, à Ordem dos Advogados do Brasil, à Defensoria Pública, ao Ministério Público, crítica que se estendeu às políticas públicas implementadas pelo Poder Executivo. Afinal, as instituições têm cumprido com eficácia o dever de promover a igualdade entre todas as pessoas?

Nesse ponto, salta aos olhos a importância do protocolo para julgamento com perspectiva de gênero, instituído pelo Conselho Nacional de Justiça, instrumento apto a dar aos operadores do direito o conhecimento mínimo para enfrentamento de questões que envolvem assimetrias de poder existentes em nossa sociedade, despertando, no mínimo, a inescusável sensibilidade que cabe aos magistrados e magistradas em seu ofício.

Registro, por fim, a emoção que senti ao término da leitura. Um misto de tristeza e de esperança. Tristeza profunda pela história de opressão e de violência vivida constantemente por milhares de mulheres, tristeza por nossa história; mas senti esperança diante da força que os textos desta obra ecoam e que não será em vão.

Em tempo: iniciei este prefácio dizendo haver "gritos", mas meu desejo é de que um dia haja apenas a musicalidade serena contando sobre os dias felizes de todas as pessoas.

Minha admiração e agradecimento a cada uma das autoras desta grandiosa obra: Thais Seghese, Marilda Soares, Raphaella Olivato, Daniela Coimbra, Karina Pereira Sabedot, Awdrey Frederico Kokol, Juliana Leme Faleiros, Valéria Pilão, Waleska Miguel Batista e Simone Seghese.

Adriene Sidnei de Moura David
Desembargadora do Trabalho.

PROJETO H. — Heroica

Nosso projeto nasceu como uma empresa social de nossa empresa, hoje Instituto Seghese de Treinamentos, onde as sócias somos eu e minha filha Thais. Eu sou advogada e a Thais, psicóloga.

Quando o projeto foi gestado, a Thais ainda não tinha entrado na faculdade e iniciamos com o apoio de psicólogas voluntárias. Isso tudo em 2014.

Evoluímos como feministas e percebemos que ao batizarmos o projeto como HEROICA, carregávamos a obrigação ou, pelo menos, a expectativa de que a mulher fosse uma heroína. Em alguns sentidos ainda somos, mas não porque devemos ser, e sim por uma exigência de um mundo muito cruel e perigoso para nós.

Com o passar do tempo, e com a entrada da Thais na coordenação do núcleo de psicologia, adotamos o nome PROJETO H., como forma de evolução, mas também como forma de provocação de um pensamento crítico sobre as exigências sociais invocadas ao feminino.

Trabalhamos mais com o pensamento crítico do que, efetivamente, com o tratamento dessas mulheres. Entendemos que a ponta da corda, que já estourada, deve ser restaurada, e doamos o tempo e expertise de uma advogada e uma psicóloga para atendimentos de urgência e emergência.

Acompanhamos em audiências e delegacias, em exame de corpo de delito, e damos mentoria jurídica, indicando aonde ir e como fazer, e psicológica, de um semestre gratuito de atendimentos.

No entanto, entendemos que o melhor que podemos fazer é trabalhar na desconstrução do machismo e da sociedade patriarcal, que entendemos ser o grande desencadeador de violências contra a mulher. Então trabalhamos com palestras, falas, estudos e pesquisas relacionadas ao universo social e cultural, e divulgamos fórmulas que possam nos ser fator de modificação.

A hipossuficiência da mulher não se dá apenas no caráter econômico, muitas, embora consigam arcar com o custo de uma transformação, não têm energia, coragem ou uma rede de apoio suficiente para transpor algumas barreiras.

O Projeto H. vem ao encontro de todas essas hipossuficiências, emocional, de autoestima, autoconfiança, de superação e a financeira.

Já aconteceram inúmeras mudanças estruturais no Projeto, estamos sempre dedicando tempo e estudos com o objetivo de entender como somos todas afetadas na sociedade atual, e o que podemos fazer e pensar para mudarmos essa estrutura.

Atuamos com quatro frentes de trabalho:

Núcleo do Direito — oferecimento de aconselhamento jurídico, mentoria e apoio técnico para os diversos problemas relacionados a essas mulheres, por óbvio o jurídico criminal, mas também relativos à família e filhos, e o previdenciário.

I. Núcleo da Psicologia — oferecimento de acompanhamento psicológico gratuito e encaminhamento de profissionais com valores sociais.

II. Atendimento em Emergências — oferecimento do acompanhamento de profissionais voluntárias para procedimento nas delegacias, exame de corpo de delito, entre outros.

III. Palestras e Cursos — oferecimento de falas, aulas e cursos sobre violência de gênero, história da mulher.

O Projeto já atuou no Centro de Ressocialização de Piracicaba, uma instituição prisional, com o intuito de preparar as mulheres, ressocializar e voltar para a sociedade mais prontas e voltadas para si, com objetivos, conhecimentos sobre finanças, empreendedorismo e estrutura psicossocial de apoio.

Realizamos, anualmente, Cursos de Capacitação sobre a 'História da Mulher', para diversos nichos de profissionais, em parceria com universidades, criando replicadores, pessoas que desejam entender mais sobre a história, o passado, as violências que as mulheres passaram e passam, e aprender sobre como colaborar com a desconstrução e reestruturação. Quais os direitos das mulheres, onde procurar por ajuda, o que se configura violência, foram algumas das questões debatidas em aulas.

Produzimos, também, uma pesquisa quantitativa dos registros policiais ocorridos no ano de 2019 na Cidade de Piracicaba, referente à violência contra a mulher, possibilitando ao poder público local o direcionamento de ações preventivas e repressivas.

Hoje o Projeto H. não consegue atender a todas as solicitações de ajuda, temos filas de espera nos atendimentos e a próxima reestruturação contará com o pagamento da hora de trabalho das antigas voluntárias para estimulá-las a trabalhar pelo projeto a um preço social. Já atendemos mais de mil mulheres em várias cidades do Brasil, como Piracicaba, São Paulo, Ribeirão Preto, e em alguns estados, como Mato Grosso do Sul.

Começamos a captação e treinamento de voluntários homens para atuação em campo, não diretamente junto à mulher, mas em toda a estrutura do projeto. O projeto é uma empresa e, como todas as outras, demanda muito trabalho e dedicação, além de dinheiro.

Este livro é o resultado da criação intelectual das professoras do último curso de História da Mulher e políticas preventivas e repressivas de 2023, cada qual em sua área de atuação, com conteúdo direcionado à vulnerabilidade da mulher.

Um projeto social não é feito apenas a duas mãos, somos muitas e muito dedicadas, entusiastas e sonhadoras, imaginando que temos um lindo futuro pela frente que depende de nós.

Estamos fazendo nossa parte e você, também, ao colaborar com nosso projeto pela aquisição e divulgação de nosso livro.

Mude hábitos, mude o mundo.

Julho de 2014.

Simone Seghese

História da Mulher

Simone Seghese[1]

"Imagine viver em um mundo em que as mulheres são consideradas tão menores, tão inferiores, tão confinadas ao espaço doméstico, tão irrelevantes, que não mereçam ser estudadas. Um mundo em que as mulheres não são dignas de ter sua história contada. Assustador, não é? Pois vivíamos exatamente nesse mundo até poucas décadas atrás. E, se essa condição tem mudado, é graças à luta feminina."

Lola Aronovich

Introdução

Falar sobre a história da mulher, segundo a historiadora Gerda Lerner (2019), é fundamental para a emancipação das mulheres. Segundo ela, quando temos acesso a essa informação, ao conhecimento sobre a vida de nossas antecessoras, ocorre em nós um profundo efeito psicológico transformador. "Essa disciplina (a de história da mulher) muda a vida delas".

Para contar a história da mulher nós temos que seguir a história do mundo, porque é uma falácia imaginar que mulheres não se revoltaram com a vida que levavam. Desde sempre houve conflito, existiam rebeldes. Escassos os registros, ignorados ou destruídos, mas existentes.

---

(1) Professora universitária. Advogada militante. Mestre em Direito. Presidente do Projeto H. – Mulheres por inteiro. E-mail: sseghese@gmail.com.

Nesse ponto é importante entendermos que a mulher sempre fez parte da História, estivemos construindo e criando o passado. No entanto, essa história, até um certo momento, não foi contada por nós. Homens eram nossas vozes.

Em Aristóteles (340 a.C.) temos a dualidade dos gêneros estabelecida. Ele ensinava que "as mulheres se movem nas fronteiras da civilidade e da selvageria, do humano e do animal. São uma ameaça potencial para a vida harmoniosa da coletividade. Como mantê-las afastadas? As mulheres não são apenas diferentes: modelagem inacabada, homem incompleto, falta-lhes alguma coisa, são defeituosas", segundo Aristóteles. "A frieza da mulher se opõe ao calor do homem. Ela é noturna, ele é solar. Ela é passiva e ele, ativo. O homem é criador, por seu sopro, o pneuma, e sua semente. Na geração, a mulher não passa de um vaso do qual se pode esperar apenas que seja um bom receptáculo".

Freud afirma que temos a ideia da "inveja do pênis" como um dos motivos das angústias primárias das mulheres. Ou seja, a mulher sempre a partir do homem. E o mito de Adão e Eva não nasce sem um contexto, não é mesmo?

Esse pensamento, que submete a mulher, é mantido nas próximas eras históricas.

Michelle Perrot, respeitada historiadora (2007), nos lembra da imposição do claustro às mulheres que, desde os gregos, entendiam sua aparição pública como indecente e causadora de discórdia. De igual forma, a exibição dos corpos, que sedutores por si, melhor coberto por véus. E, por todas essas questões, a invisibilidade de fato e de direito. Mulheres deveriam comportar-se de forma a não serem notadas, nem em comportamentos e opiniões, mas também eram invisibilizadas e imobilizadas por não portarem bens ou sobrenomes. E o resultado disso é que suas opiniões não eram registradas, suas histórias não eram contadas, nem por elas nem por ninguém.

Poucas foram relatadas historicamente, os feitos dos homens mereciam reportagem, o das mulheres apenas se putas ou cruéis, como as rainhas do Renascimento, por exemplo.

A mulher sempre foi (e ainda é) considerada como um ser perigoso. Esperta, ardilosa, ligada à natureza e seus mistérios, sedutora, selvagem. Desde a Grécia Antiga era direcionada ao casamento e à religião como forma de controle, não tinham participação direta na política e suas habilidades estavam ligadas aos cuidados, ao nascimento e ao amparo familiar.

Mas sempre tivemos poder, o poder da vida, da cura, e isso é inegável e constatável por meio de todas as pesquisas históricas, de uma forma ou de outra, o papel de cuidado e cura estava presente em todas as eras históricas. Inclusive demonstrado pelas deidades, deusas do amor, fartura, vida, beleza. Ligadas ao feminino, aos poucos sendo traduzido como um estado primitivo e selvagem e, em decorrência disso, perigoso. Uma forma óbvia de controle da mulher pelos homens poderosos.

E, se a mulher é incapaz e impotente, se tem uma natureza selvagem e primitiva, manipuladora e sedutora, a única forma de "domar" essa mulher era através do casamento. O quanto antes. Daí que temos relatos horripilantes de casamentos de homens formados e até idosos com crianças ou jovens adolescentes.

No entanto, e apesar disso, muitas mulheres ousaram contrariar e podemos imaginar o que enfrentaram com essa ousadia. E nós, as mulheres de hoje, devemos muito a elas. Sem essa coragem de desbravamento, não teríamos chegado aqui.

> "É o olhar que faz a História. No coração de qualquer relato histórico, há a vontade de saber. No que se refere às mulheres, essa vontade foi por muito tempo inexistente. Escrever a história das mulheres supõe *que elas sejam levadas a sério.*" Michele Perrot

Mas Deus já foi mulher?

Estudiosos das nações civilizadas são focados nos últimos cinco mil anos, mas existe um período anterior a isso que os antropologos, arqueólogos e historiadores, estudiosos específicos da pré-história se debruçam sobre sociedades de 40 mil anos.

Do período Paleolítico foram trazidos artefatos, pinturas, esculturas, estatuetas de grandes deusas que nos contam uma história bem diferente.

Foi possível concluir que as deusas eram as grandes guardiãs da fertilidade e da fartura da produção da terra. A partir de 10 mil anos, e com a revolução neolítica, houve a mudança climática que possibilitou a consolidação da agricultura e, com isso, o culto à grande deusa da fertilidade começa a prosperar. Começamos a ligar a mulher às deusas, aos ciclos naturais da terra, ao clima, associada à fertilidade da mulher e, consequentemente, do planeta.

A natureza da mulher era curativa e propiciava a vida.

O cosmos, como o corpo, são entendidos como cíclicos. E os ciclos do corpo da mulher são comparados com os da lua, das marés, da natureza em geral.

Entre 6 e 5 mil anos, ainda no Neolítico, surge uma cidade muito importante, na Turquia — ao sul de Anatólia, chamada Çatalhüyük (pronuncia-se: Satauhuiuqui), e é fonte arqueológica da existência do matriarcado, deusa mãe e criadora.

A cidade era enorme e trazia a ideia de igualitarismo e comunitarismo. E mais do que isso, trazia a ideia da integração do ser humano com a natureza. A divindade feminina marcava o imaginário com a noção de ciclo, de economia cósmica, de como o planeta é integrado como um todo. Foi o chamado “comunismo primitivo”, termo cunhado por Engels.

Na civilização a deusa é de ciclos, fertilidade, tem corpo de mulher, mas também o corpo do próprio planeta. Nada funciona separado, não há o individualismo dos tempos atuais.

Olhar o mapa do crescente fértil — antiga Europa — e as comunidades que surgiram nessa região nos faz compreender mais claramente a cultura da sociedade da época.

Uma curiosidade do período é a demonstração, por achados arqueológicos, de indícios de uma vida sob o comando das mulheres, e que essa vida era mais justa, mais pacífica e rica do que nos períodos que a sucederam.

Ainda não havia nascido a trajetória do herói guerreiro — a guerra era estranha àquela civilização — Çatalhüyük não tinha muralhas, as artes não continham lanças nem espadas, apenas pessoas plantando, colhendo, integradas em uma sociedade pacífica. Supõem os historiadores tratar-se de sociedade matriarcal, de cadeia matrilinear, sem guerras e ligadas ao planeta como um organismo vivo. Esse período é chamado por historiadores de período de Paz Primitiva.

Bachofen, citado por Engels (2023), também reconhece ter existido essa sociedade ginecocrata e matriarcal.

No mundo grego, começam os registros sobre mulheres destacadas por sua intelectualidade e rebeldia. Queriam estudar, não queriam se casar. Para que isso fosse possível, refugiavam-se em conventos (na Idade Média o convento era usado para esse fim), onde podiam ler e escrever, traduzir textos e, assim, estar apropriadas de toda a literatura que as antecedeu.

A mulher, através das eras, foi sendo moldada para atender às necessidades do momento histórico específico, inicialmente com a função de dar e conservar a vida, depois como moeda para acordos, pagamento de dívidas, alianças políticas e preservação de territórios e, ainda hoje, como objeto de trabalho, lucro e conforto para os homens.

Frisa-se, no entanto, que sempre houve revoltas das mulheres quanto às liberdades e independência. Em todas as eras, mulheres demonstravam indignação e incômodo contra as regras sociais postas.

O que era esperado da mulher?

> *1. O silêncio e a discrição:* desde Aristóteles o silêncio das mulheres é uma virtude.
>
> 2. "*O ideal de casamento é que a mulher seja cega e o homem seja surdo.*" Sócrates

Mulheres sendo vistas, se fazendo notar, sendo ouvidas, ousando dar opinião, rir, gargalhar, sempre foi (e ainda é) reprovável. O esperado para a mulher é a gentileza de demonstrar ignorância, de ser mais burra do que o homem que a acompanha, fingir que não sabe muito sobre o assunto discutido em uma roda de amigos, e é de bom tom que a mulher demonstre inferioridade e submissão. Quantas vezes ainda as mulheres de hoje escondem o sucesso financeiro que têm em nome do relacionamento?

Escolas, famílias e preceptoras treinavam as mulheres para caras e bocas de surpresa ao ouvirem comentários masculinos, para não constrangê-los com sua inteligência.

Kant (1993), em um texto chamado "Observações sobre o Sentimento do Belo e do Sublime", critica o comportamento das mulheres que querem dar opiniões. Ele as declara inadequadas.

"*O pior adorno que uma mulher pode querer usar é ser sábia.*" Lutero

1. O cuidado com o corpo: A mulher tem que ser bonita (além de calada e discreta). O corpo da mulher sempre foi considerado uma mercadoria, um produto inicialmente dos pais, depois do marido, filho ou cunhado na falta do esposo. A história conta que, até a Idade Moderna, a criança de até 6 anos não tinha gênero, vestiam-se com as mesmas camisolas, usavam cabelos longos, tanto os meninos como as meninas, e só depois dessa idade havia a separação através da educação direcionada aos meninos de forma diferente e oposta às meninas.

Na maioria dos períodos históricos, as meninas aprendiam a arte de cuidar, ricas e pobres dedicavam-se a aprender a doação, se pobres a gestão da casa, dos irmãos, da terra. Se de famílias mais abastadas, o bordado, o piano, o comportamento e traquejo social.

A marca sobre o corpo feminino, no entanto, sempre foi comum, tanto na população de baixa ou alta renda, escravas ou aristocratas nunca foram donas do próprio corpo. Aliás, ainda hoje não somos.

E o que é não ser dona do corpo?

Decidir se quer ou não a maternidade, liberdade de escolhas, inclusive da própria roupa, do corte de cabelo, autorizar quem vai colocar as mãos em seu corpo, quando e como. Como vai usar o corpo para o próprio prazer. Com autorização para envelhecer, ficar feia, engordar, deixar os cabelos brancos ao natural ou usá-los vermelhos, azuis... decidir se adere à depilação, ao *botox*, ao silicone. Fazer um aborto, um divórcio, ter um caso extraconjugal, namorar um homem casado, relacionar-se sexualmente com outras mulheres, ou com várias pessoas simultaneamente. Escolher um trabalho, optar pelo trabalho em detrimento da vida amorosa ou familiar. Colocar o cuidado de si, do próprio corpo, mente, desejos, investimentos financeiros e emocionais, antes de cuidar dos outros. Isso é ter acesso a si, isso é ser dona do próprio corpo.

A data de nascimento dessas proibições é muito antiga, vemos isso na exclusão da mulher dos diálogos gregos, do julgamento de conduta de Helena de Troia, na caça às bruxas...

"*A natureza só faz mulheres quando não pode fazer homens. A mulher é, portanto, um homem inferior.*" Aristóteles

A primeira mulher

Quando pesquisamos quem é *a primeira mulher* de que a história teve notícias, o Google nos aponta nas suas primeiras páginas a história de Lilith.

Lilith é uma figura mitológica, religiosa. É aquela citada no Talmud, como nascida da poeira junto com Adão. Foi sua primeira mulher, antes de Eva.

Ela negou-se a fazer sexo com Adão por não se sentir inferior e, em protesto, abandonou o Éden. Segundo o folclore judaico, Lilith rebelou-se contra a ordem posta, contra a suposta superioridade de Adão.

O Gênesis (texto que compõe a Bíblia cristã) também cita, de forma indireta, a existência de alguém anterior a Eva, mas durante o Concílio de Trento, no século XVI, Lilith some definitivamente dos registros bíblicos.

Tão significativo quanto a exclusão dela dos registros é o fato de que sua sucessora, Eva, também não corresponde às expectativas do Criador e não se submete. No entanto, no caso de Eva a história foi mantida como forma de exemplificação da culpa original que carregamos até hoje.

Lilith, criada da poeira, tanto quanto Adão, não deu certo, não se submeteu. Eva, criada de uma costela dele, ou seja, a partir e graças a ele, mas também não se submeteu.

Que mulher é essa que nunca se submete? A lição que deveria ser aprendida é a de que somos realmente superiores e, independentemente das regras de submissão, não nos curvaremos.

Não foi essa a interpretação dada e, agora, cabe a nós a ressignificação.

Bruxa má

Começamos a tirar a mulher de cena quando o cristianismo precisou afastar o poder da divindade feminina para instaurar o "controle" do homem sobre a sociedade. Começamos a contar a história de forma diferente e, até mesmo nas histórias que contamos hoje, a mulher que cria, que entende a natureza, que trabalha com a cura, vira maquiavélica e perigosa.

Na fantasia, nos contos e histórias antigas, a mulher bruxa tem conotação pejorativa, má e entendida como a que usava seus poderes para a destruição, não para a cura e fertilidade. Os contos eram ferramentas educacionais na sociedade medieval, assim como a *Ilíada* e a *Odisseia*, para a formação da sociedade grega antiga.

Na Idade Média tudo muda, aristocratas e vassalos já estão divididos em classes. Os aristocratas não queriam mais que os campesinos usassem os espaços comunais, bosques, florestas. De lá, os aristocratas queriam tirar riquezas, caça, pesca, plantas etc., e as terras comunais foram cercadas, privatizadas. Então, foi criada a cultura do medo pela floresta, lá tinha bruxas más, lobo mau etc. O controle dos fracos pelos ditos mais fortes.

Essa mulher curandeira, parteira e que usava rituais de fertilidade e purificação foi transformada (por meio de lendas e boatos fantasiosos) em perigosa e aliada ao demônio. Na Inquisição, as meninas que eram pegas em rituais de danças noturnas para brindarem as novas estações, solstício de verão ou de inverno, como era hábito há anos, eram tachadas de bruxas, feiticeiras e eram levadas à fogueira.

Com o tempo, os pais passaram a impedir as filhas de sair, de cantar, de dançar, usar cabelos soltos, por medo de que elas fossem acusadas de magia negra. Prendê-las dentro de casa era uma forma de protegê-las.

E essa entrada no lar nos custou a clausura por muitos anos.

Algumas mulheres se destacaram ao longo das eras

Período grego — 2000 a.C.

Às gregas desse período não eram destinados direitos ao ensino ou educação básica. As atenienses, por exemplo, eram ensinadas por suas mães sobre habilidades domésticas para a administração do lar, aos filhos homens eram dados treinamentos em retórica para participação política, e militar para enfrentamento combativo, ou o ofício do pai para a sucessão eterna dentro da própria família.

Filhas de aristocratas, no entanto, podiam estudar e recebiam os mesmos preceptores que seus irmãos homens. É o caso de Hipátia e Safo.

Hipátia, nascida em 355 em Alexandria, no Egito. Filha de um filósofo-matemático, ela foi considerada a primeira mulher matemática. Hipátia teve uma participação ativa na Biblioteca de Alexandria, lecionando inclusive. Ela era muito influente, tendo sido morta, provavelmente, por sua ligação política com o prefeito de Alexandria. Deixou várias obras escritas. Nunca escreveu nada sobre a situação da mulher, mas a sua conduta era feminista, exigindo participar e se integrar em assuntos e temas determinados aos homens.

Não sabemos exatamente sobre o que Hipátia escrevia, seus textos foram queimados, mas foi possível aos historiadores reproduzir sua vida e forma de pensar e comportar-se na sociedade da época. Ela estudava filosofia, matemática, era cientista, muitas descobertas científicas supõem ser de sua autoria.

O mundo grego era menos sexista do que o cristão e, em virtude disso, Hipátia podia estudar e participar dos atos da sociedade, não desenvolveu nenhuma queixa feminista além dos desejos de poder ser uma literata, estudiosa e participar desse núcleo intelectual.

Na sequência histórica temos registros de Safo, uma escritora profícua, já com contornos liberais e feministas. Quase toda a produção dela, no entanto, desapareceu. Poucos textos sobraram e, através de relatos é que se conhece a dimensão de sua influência para a evolução do pensamento feminista.

Safo era da ilha de Lesbos e, em virtude de sua pública bissexualidade, a palavra "lésbica" foi propagada para referência a mulheres homossexuais. Em verdade, nada do que ela escrevia teve tal conotação, não fossem os preconceitos e excessivos tabus de épocas posteriores que condenaram, como se promíscua fosse, toda a sua vida e seus escritos. Eram textos políticos, não sexuais.

No período medieval temos já o início da instalação das religiões monoteístas e, com isso, o combate às deusas pelo culto a um deus apenas. E com o desaparecimento das deidades femininas temos também um menosprezo às características de cura, fertilidade, entre outras habilidades ditas femininas.

O fenômeno religioso aconteceu de diversas maneiras, em diversas sociedades, causando modificações na cultura local de forma específica. Algumas culturas expressaram o sagrado pelo mundo — muitas vezes considerado profano — como um exemplo das virtudes necessárias para a sobrevivência, para a vida comunitária e para o desenvolvimento da jornada individual. O Ocidente herdou uma intensa história que entrelaça em uma tessitura, uma teia inseparável entre o fenômeno religioso, social, histórico e político. O Deus das religiões abraâmicas, de Abraão, é do que orienta, pune e recompensa suas criações como o arquétipo do grande pai universal *pater familias*. Porém, essa não é a única narrativa possível.

Antes do Deus homem ele foi mulher em uma cultura tão antiga que remonta ao período neolítico. Estudos e conceitos importantes são extraídos desse período histórico, como matriarcado e matrilinearidade.

No períodos de Atenas podemos lembrar da relevância de personalidades como Helena de Troia, que, embora adorada como divina, é julgada até hoje como mulher. Em sua história existem elementos de misticismo, como sua ascendência em Zeus e a Rainha Leda de Esparta, mas também o seu poder de império ao ser a real líder dos espartanos. No entanto, ela é julgada mesmo por ceder ao amor de Páris e abandonar seu marido Menelau, e a filha desse relacionamento. Existem dados históricos na história de Helena, no entanto, muito misturada com a fantasia do texto de Homero, a *Ilíada*.

A mulher na Idade Média — 476 a 1453

A história e a literatura dessa época já traziam um feminismo declarado. As primeiras mulheres a questionar diferenças de trato entre os gêneros estavam preocupadas com o direito aos conhecimentos, autorização para estudos, e desejavam poder sobre os bens dos pais e dos maridos mortos, queriam independência para escolher sobre seu próprio futuro.

Por essas e por outras que sempre denominamos "feminismos", no plural, as lutas através das épocas históricas, porque as lutas são diferentes, os pleitos e indignações são ligados ao momento histórico vivido e não são estáticos no tempo, em uma classe social ou em uma raça, são movimentos simultâneos e sucessivos, evoluindo e buscando a igualdade e a liberdade individual e também a coletiva.

As mulheres pobres na Idade Média tinham pouca noção de direitos e nenhuma autorização para exposição de pensamentos, tampouco para estudo formal, poucas aprendiam a ler e escrever.

Mas nesse período histórico e no universo eurocêntrico, já temos escritos de mulheres e por mulheres, diversas filósofas e romancistas surgem como fonte de cultura. Importante sempre lembrar que, inicialmente, mulheres se passavam por homens, usando pseudônimos, para que terem seus textos publicados.

Um exemplo disso foi Hildegarda de Bingen (1098 – 1165), filha de nobres que aos 15 anos tornou-se religiosa, fez votos na irmandade beneditina e, em um determinado momento, disse receber mensagens de Deus com ordens para escrever o que ouvia e via. Teve que aguardar uma autorização da Igreja para tanto. Escreveu muitas obras, a maioria delas sobre a relação da humanidade com a natureza, e um tratado de medicina, considerado muito importante, embora nunca citado.

Ela optou pela vida monástica, provavelmente para fugir do casamento e para estudar. Teve enorme relevância no comando de centros religiosos, expandindo os centros monásticos por toda a Alemanha, sendo inclusive fundadora de um mosteiro beneditino perto de Bingen (por isso seu sobrenome).

Não era exatamente uma defensora das mulheres, ao contrário disso, tem uma escrita bastante misógina, deixando escapar em alguns textos sua impressão sobre a condição desvantajosa da mulher naquela sociedade.

Hildegarda, em alguns momentos de seu texto, reconhece o poder da mulher sobre o homem, mas um poder considerado destrutivo e baseado no pecado original.

Outra importante representante desse grupo é Christine de Pizan, que viveu entre 1364 e 1430 em Pizzano. Era ensaísta, contemporânea de Montaigne e escritora mais prolífica que ele, menos reverenciada, no entanto.

Enviuvou e assumiu a propriedade da família, comandando-a em nome próprio, o que era um fato muito peculiar para a época. Entre a aristocracia da época, era possível que uma viúva optasse por não mais se casar, e ela se abriga em um convento para fugir da guerra, mas também para escrever (mais uma mulher a se refugiar para estudar).

Declaradamente defensora das mulheres, em 1400 escrevia contra a difamação do sexo feminino. Envolveu-se em uma disputa filosófica, rebatendo com pesadas críticas o texto denominado "Romance da Rosa" cuja segunda parte é absolutamente misógina (escrita pelo padre Jean de Meun) e, em um trecho, descreve a relação sexual como única função a procriação, e que outro que fosse o objetivo, seria improdutivo e perigoso, pois os homens estariam sob os efeitos e artimanhas femininas. Ela questionou em um texto seu, combativo, denominado "Querelle de la Rose" sobre a forma violenta de descrição da mulher e em defesa de seus direitos, inquirindo ao autor, o padre, se ele não tinha, por acaso, nascido de uma mulher — então por que tanto ódio? — questionou.

Christine tem uma obra muito vasta, inclusive como colunista, produziu mais de 40 obras literárias. E a maioria de seus textos são claramente feministas.

Idade Moderna — 1453 a 1789

A Idade Moderna traz a grata profusão de mulheres em evidência, quer seja em cargos e funções, como na realeza. Rainhas retratadas como fortes, inteligentes e significativas, como dona Maria I, a Louca, rainha regente de Portugal, mãe de Dom João VI, apelidada de louca apenas porque adoeceu e ficou senil no final da vida. Foi responsável por grandes atos de gestão e considerada uma grande rainha. Rainha Isabel de Castela, que, além do poderio político, foi responsável pela união dos Reinos de Castela e Aragão. Catarina de Médici foi uma rainha com o histórico dos mais controvertidos, famosa por seu legado complexo, mas por seus extraordinários poderes políticos e diplomáticos. Nascida em uma família aristocrática, recebeu uma educação privilegiada e acabou por se casar com Henrique II. Admirada por sua inteligência e sagacidade, assume como regente logo após a morte de seu marido e de seu filho primogênito, para auxiliar o segundo filho, rei Carlos IX, ainda com 10 anos. Passa de mãe zelosa e excelente monarca a usurpadora maquiavélica, após a Noite de São Bartolomeu. O interessante é que historiadores dedicados ao período apontam provas de que, nove anos após a maioridade de seu filho, o rei Carlos IX, ela ainda comandava a política francesa. Os anos em que ela reinou foram chamados de "a era de Catarina de Médici" e, como descrito pela biógrafa Leonie Frieda (2019), ela foi a mulher mais poderosa da Europa do século XVI.

Na literatura, temos como referência Mary Wollstonecraft, filósofa, escritora romancista, defensora declarada e ferrenha dos direitos das mulheres, considerada pioneira do feminismo com a bandeira de igualdade educacional para meninos e meninas e autonomia das mulheres no casamento. Foi mãe de Mary Shelley, a menina escritora de Frankenstein. Sua obra de maior importância é "Uma reivindicação pelos direitos da mulher" (1792), em que expõe suas principais ideias feministas e critica a superficialidade e excesso de sentimentalismo das mulheres burguesas da época.

Contemporânea, Olympe de Gouges escreveu "Declaração dos direitos da mulher e da cidadã", em 1791. E, nesse momento, já podemos perceber o quanto já era possível falar sobre a igualdade de direitos. Sempre muito ridicularizadas por toda a sociedade machista, e inclusive por outras mulheres, sofriam preconceitos e eram mal recebidas em espaços públicos.

Olympe, cujo nome real era Marie Gouze, foi guilhotinada em Paris em 1793, por ser considerada subversiva e perigosa. Ela defendia para as mulheres direitos iguais aos dos homens a cargos e salários, direito de subir à tribuna para questionar gastos e salários de agentes públicos, comunicar livremente opiniões e pensamentos sem serem molestadas, e principalmente o direito à propriedade.

No pós-âmbulo da Declaração, ela invoca as mulheres à ação dizendo: Acordem mulheres! O que as deixa cegas?

No Brasil, no Nordeste, tivemos Dionísia Gonçalves Pinto, mais conhecida como Nísia Floresta, com as mesmas demandas. Praticamente traduziu a Declaração de De Gouges em um documento chamado "Direito das mulheres e injustiça dos homens" (1838). Queria o mesmo, duelava por estudos para as mulheres e fundou a primeira escola feminista do Brasil onde ensinava para as alunas, ciências, matemática, francês e italiano.

Não podemos esquecer que essa era histórica já estava permeada pela luta ao voto feminino. As mulheres começaram a entender que, enquanto os homens decidissem, a escolha seria baseada apenas em seus interesses.

Um exemplo de crítica a Nísia, ao colégio e à formação das meninas aparece publicado no jornal *O Mercantil*, de 2 de janeiro de 1847, comentando acerca dos exames finais em que várias alunas haviam sido premiadas com distinção: "(...) trabalhos de língua não faltaram; os de agulha ficaram no escuro. Os maridos precisam de mulher que trabalhe mais e fale menos" (MATUOKA, 2017).

Século XX — Idade Contemporânea

Os séculos XIX e XX foram marcados pelos grandes movimentos feministas. A partir daqui podemos falar das "Ondas dos Feminismos".

O grande movimento sufragista, que marca a primeira onda do feminismo, é do século XIX, iniciando-se na Europa e chegando ao Brasil com exigências muito semelhantes, vindas de mulheres de um núcleo também muito comum ao europeu.

Como exposto, sempre houve luta pela igualdade e liberdade da mulher, mas pouca ou nenhuma conquista. O século XIX inaugura, enfim, mudanças efetivas.

Do direito aos estudos, ao patrimônio e ao voto, as ondas feministas sucederam-se para outras demandas, a exemplo do divórcio, do sexo livre e agora à segurança física e psíquica.

As ondas feministas não são tão marcadas no tempo como a história parece mostrar, umas abarcavam as outras, iniciadas simultaneamente ou não, lutas diversas surgiam, progrediram e retrocederam, para novamente avançarem.

Grande representante desse período foi uma anarquista, a ativista americana chamada Emma Goldman. Defendia a mulher e questionava sua vida servil, defendeu as prostitutas e fez um paralelo entre a mulher que se prostituía fora do lar com a que se punha disponível a um marido dando a ele sexo em troca de casa e comida, em virtude da obrigação sexual da mulher casada. Dizia:

> "Uma causa fértil da depravação feminina pode ser encontrada em várias tabelas que mostram a descrição dos empregos buscados, e dos salários recebidos, pelas mulheres antes de sua queda, e é uma questão para os economistas políticos decidirem o quanto meras considerações de negócios devam ser uma desculpa de parte dos empregadores – para uma redução de seus índices de remuneração, e se a economia de uma pequena porcentagem de salários não é mais do que contrabalançada pela enorme quantia de taxas impostas ao público mais amplo para compensar as despesas feitas graças a um sistema de vício que é, em muitos casos, o resultado direto de uma compensação insuficiente pelo trabalho honesto".(2)

Simone de Bouvoir na Europa e Bertha Lutz e Maria Lacerda de Moura, no Brasil, estiveram empenhadas com as mesmas questões de primeira onda: voto, educação e liberdade econômica.

---

(2) *Mrs. Warren's Profession* (A profissão da Senhora Warren), peça de George Bernard Shaw sobre a prostituição que foi inicialmente proibida na Inglaterra e interrompida pela polícia quando encenada em Nova York, em 1905.

Judith Butler, Bell Hooks e outras tantas referências já contemporâneas no século XXI trouxeram muitos outros tópicos para os feminismos, como a sexualidade, a independência, a introdução das mulheres nos espaços de fala e de decisão. O século XXI trouxe a ideia do respeito e da segurança para a mulher transitar por onde desejar. A ideia da imposição do silêncio compulsório, o olhar para o comportamento condicionado imposto à mulher, a liberdade de opção pela maternidade exclusiva ou de nenhuma. E até a liberdade de querer ser a mulher à moda antiga que abandona o profissional para viver na dependência e sob o risco que essa escolha impõe.

Atualmente, muitas estudiosas dedicam trabalhos acadêmicos importantíssimos para o avanço da temática, Joana Maria Pedro, Margareth Rago, Valeska Zanello. Somos muitas e o que conquistamos não retroage.

Casamentos não são mais para sempre, não são obrigatórios e a mulher, aos poucos, não é mais dependente e obrigada a ficar.

As cinquentonas são lindas, fazem escolhas, conseguem se libertar de relacionamentos abusivos e seguem, sozinhas, por desejo próprio, e muito bem, com essa escolha.

No entanto, os índices de violência contra a mulher nunca estiveram tão altos. Mulheres são mortas e violadas por seus parceiros e familiares todos os dias. A agência Patrícia Galvão,(3) um órgão privado de denúncias e estudos de estatísticas sobre o assunto, divulga informações periódicas sobre o tema.

Sobre feminicídios:

> No ano passado, foram 1.437 casos registrados no Brasil, em comparação com 2021 — quando foram 1.347 casos, um aumento de 6,1%. Os homicídios de mulheres aumentaram 1,2% de um ano para o outro (PAIVA *et al.*, 2023)(4).

(3) Disponível em: https://dossies.agenciapatriciagalvao.org.br/violencia-em-dados/sobre-o-instituto-patricia-galvao/.

(4) Fonte: *Agência Patrícia* Galvão. DIsponível em: https://dossies.agenciapatriciagalvao.org.br/violencia-em-dados/

E sobre indicadores sociais, um indicador 2023 do IBGE denominado Estatísticas de gênero: indicadores sociais das mulheres do Brasil, aponta desigualdades expressivas entre homens e mulheres.[(5)]

Concluímos que temos um caminho muito longo de luta pela igualdade, segundo a ONU, próximo de 100 anos.

Mas, em respeito às mulheres que nos antecederam e às que virão, seguimos sem hesitação, aceitando as limitações de uma sociedade machista, onde homens e mulheres repetem padrões já superados, e criaremos paulatinamente o futuro equitativo.

> "Se homens e mulheres participaram da formação da civilização de forma conjunta, então nós somos responsáveis também pela idealização e estruturação desse sistema que nos oprime. Cabe a nós um levante para a desconstrução."

Considerações finais

O feminismo não é um só, somos muitas mulheres com demandas completamente diferentes umas das outras, a depender de nossa classe social, da cor de nossa pele, dos núcleos religiosos e espaços nos quais nos envolvemos. Somos diferentes em virtude de nossa formação díspare. Tudo interfere em nossa história e age de forma ímpar. Por isso nomeamos "feminismos" no plural.

Existem grupos de feministas que odeiam homens e desejam uma inversão de poderes, ou seja, a supremacia da mulher sobre o homem. Pregam o aniquilamento do homem ou sua submissão.

Por certo, o recorte negro é importantíssimo porque são o grupo mais vulnerável entre as feministas.

Referências

ADICHIE, Chimamanda Ngozi. *O perigo de uma história única*. São Paulo: Companhia das Letras, 2019.

---

(5) Disponível em: https://educa.ibge.gov.br/jovens/materias-especiais/21241-indicadores-sociais-das-mulheres-no-brasil.html.

AGÊNCIA Patrícia Galvão. Disponível em: https://dossies.agenciapatriciagalvao.org.br/violencia-em-dados/. Acesso em: 9 ago. 2024.

ANAND, Tara. "A Brief Summary of the First Wave of Feminism. Feminism in India. Intersectional Feminism — Desi Style", 24 abr. 2018. Disponível em: https://feminisminindia.com/2018/04/24/summary-first-wave-of-feminism/. Acesso em: 10 set. 2020.

ARISTÓTELES. *Retórica*. Bauru: Edipro, 2019.

ARONOVICH, Lola. Desde 2008, é autora do *blog* "Escreva Lola Escreva", um dos maiores *blogs* feministas do Brasil.

ARRUZA, Cinzia. "Das Greves de Mulheres para um Novo Movimento de Classe: A Terceira Onda Feminista". *Desacato*, 4 fev. 2019. Disponível em: http://desacato.info/das-greves-de-mulheres-para-um-novo-movimento-de-classe-a-terceira-onda-feminista/. Acesso em: 23 de setembro de 2020.

BADRAN, Margot; COOKE, Myriam (Orgs.). *Opening the Gates, a Century of Arab Feminist Writing*. Londres: Virago Press, 1990.

BARD, Christine; CHAPERON, Sylvie (Orgs.). *Dictionnaire des feminists* — France, xviiie-xxie siècle. Paris, 2007.

BASU, Amrita. "Globalization of the Local/Localization of the Global: Mapping Transnational Women's Movements". In: MCCANN, C. R.; KIM, S.K. (Orgs.). *Feminist Theory Reader:* Local and Global Perspectives. 3. ed. Nova York: Routledge, 2013.

BLAIN, Keisha. "Emerging Feminisms. A Historical Note: Pan-African Feminist Adelaide Casely Hayford". *The feminist wire*, 28 mar. 2016.

BRIATTE, Anne-Laure. "Féminismes et mouvements féministes en Europe. Encyclopédie pour une histoire nomerique de l'Europe". Disponível em: https://ehne.fr/node/12314. Acesso em: 10 set. 2020.

CAZARRÉ, M. "A quarta onda do feminismo nasce em 2015". *Revista Brasileiros*. Disponível em: http://brasileiros.com.br/2016/01/quarta-onda-feminismo-nasce-em-2015. Acesso em: 2015.

DE LEÓN, Victoria Sendón. "Nosotras las mujeres: El feminismo postgénero de la Cuarta ola". *Mujeres en Red, Claves de feminismo*, 2019. Disponível em: http://www.mujeresenred.net/spip.php?article2355. Acesso em: 9 ago. 2024.

ENGELS, Friedrich. *A Origem da Família, da Propriedade Privada e do Estado*. Bauru: Edipro, 2023.

EVANS, Elizabeth. *The Politics of Third Wave Feminisms:* Neoliberalism, Intersectionality, and the State in Britain and the US. Londres: Palgrave Macmillan, 2015.

FRANCHINI, B. S. "O que são as ondas do feminismo?". *Revista QG Feminista*, 2017. Disponível em: https://medium.com/qg-feminista/o-que-s%C3%A3o-as-ondas-do-feminismoeeed092dae3a. Acesso em: 12 ago. 2020.

FRAISSE, Geneviève. *Muse de la raison:* la démocratie exclusive et la différence des sexes. Paris: Gallimard, 1989.

FREEMAN, Jo. "The Women's Liberation Movement: Its Origins, Structures and Ideas". *Recent Sociology*, n. 4: Family, Marriage, and the Struggle of the Sexes. Nova York: The Macmillan Co., 1972, p. 201-216.

FRIEDA, Leonie. *Catarina de Médici* — Poder, estratégia, traições e conflitos. São Paulo: Planeta, 2019.

GONZALES, Mariana. "Quarta onda do feminismo é tipicamente latino-americana, diz fundadora do Ni Una Menos". *Revista Cult*, nov. 2017.

GOODMAN, Donna. "The untold side of second wave feminism: a multinational, politically diverse movement". *Liberation School*, 21 mar. 2019. Disponível em: https://liberationschool.org/feminism-and-the-mass-movements-1960-1990/. Acesso em: 9 ago. 2024.

GRADY, Constance. "The waves of feminism, and why people keep fighting over them, explained". *Vox*, 20 jul. 2018. Disponível em: https://www.vox.com/2018/3/20/16955588/feminism-waves-explained-first-second-third-fourth. Acesso em: 10 set. 2020.

HEMMINGS, Clare. "Contando Estórias Feministas". *Estudos Feministas*, Florianópolis, 17(1), jan./abr. 2009, p. 215-241. Disponível em:https://periodicos.ufsc.br/index.php/ref/article/view/S0104-026X2009000100012. Acesso em: 7 out. 2020.

HEWITT, Nancy A. (Org.). *No Permanent Waves:* Recasting Histories of U.S. Feminism. Nova Jersey/Londres: Rutgers University Press, 2010.

HOOKS, Bell. "Mulheres negras: moldando a teoria feminista". *Revista Brasileira de Ciência Política*, n. 16, 2015, p. 193-210.

HOOKS, Bell. *O feminismo é para todo mundo:* Políticas arrebatadoras. São Paulo: Rosa dos tempos, 2018.

IBGE — Instituto Brasileiro de Geografia e Estatística. *Indicadores Sociais.* Disponível em: https://educa.ibge.gov.br/jovens/materias-especiais/21241-indicadores-sociais-das-mulheres-no-brasil.html. Acesso em: 9 ago. 2024.

KANT, Emmanuel. *Observações Sobre o Sentimento do Belo e do Sublime.* Campinas: Papirus, 1993.

KIRA, Cochrane. "The Fourth Wave of Feminism: Meet the Rebel Women". *The Guardian*, 10 dez. 2013.

LA COLECTIVA del Rio Combahee. "Una declaración feminista negra (1977/1988)". In: MORAGA, C.; CASTILLO, A. *Esta puente, mi espalda:* voces de mujeres tercermundistas en los Estados Unidos. San Francisco: Ism Press, 1988.

LA LIBÉRATION des Femmes: Année Zéro. *Partisans*, n. 54-55, 1970.

LERNER, Gerda. *A criação do Patriarcado:* História da Opressão das Mulheres pelos Homens. São Paulo: Cultrix, 2019.

LERNER, Gerda. *A criação da Consciência Feminista:* a Luta de 1.200 anos das mulheres para libertar suas mentes do pensamento patriarcal. São Paulo: Cultrix, 2022.

MARCELINO, Giovanna Henrique. "Especial Juntas: As Sufragistas e a Primeira Onda do Feminismo". Juntos. *Coletivo de juventude*, 13 jan. 2016. Disponível em: https://juntos.org.br/2016/01/especial-juntas-as-sufragistas-e-a-primeira-onda-do-feminismo/. Acesso em: 12 set. 2020.

MATOS, Marlise. "Quarta onda feminista e o campo crítico-emancipatório das diferenças no Brasil: entre a destradicionalização social e o neoconservadorismo político". *Encontro Anual da ANPOCS*, 2014. Anais, Caxambu, 2014.

MATUOKA, Ingrid. "Nísia Floresta: a primeira educadora feminista do Brasil". *Educação Integral*, 21 jun. 2017.

MOLONY, Barbara; NELSON, Jennifer (Orgs.). *Women's Activism and "Second Wave" Feminism.* Londres/Nova York: Bloomsbury, 2017.

MONTES, Rocio; CENTENERA, Mar; BREÑA, Carmen Morán; SINGER, Florantonia; MIRANDA, Wilfredo Miranda. "Feminismo finca raízes na política da América Latina". *El País*, 8 mar. 2020. Disponível em: https://brasil.elpais.com/internacional/2020-03-08/feminismo-finca-raizes-na-politica-da-america-latina.html. Acesso em: 12 de agosto de 2020.

MONQID, Safaa. "Mouvements féminins et féministes en Égypte: rétrospective et histoire d'une évolution (fin XIXème siècle à nos jours)". *Insaniyat*, 17, p. 73-49, 2016. Disponível em: https://journals.openedition.org/insaniyat/16591. Acesso em: 12 set. 2020.

MURPHY, Adrian. "Women and Power: The struggle for women's suffrage in the UK". *Museum and Heritage*, 6 fev. 2018. Disponível em: https://advisor.museumsandheritage.com/features/women-power-struggle-womens-suffrage-uk/. Acesso em: 12 ago. 2020.

NAKAYI, Rose; TWESIIME-KIRYA, Monica; KWAGALA, Dorothy. "The Women's movement in Africa: creative initiatives and lessons learnt". *East African Journal of Peace and Human Rights*, vol. 11, n. 2, 2005, p. 265-302.

NICHOLSON, Linda. "Feminism in 'Waves': Useful Metaphor or Not?". In: MCCANN, C. R.; KIM, S.K. (Orgs.). *Feminist Theory Reader:* Local and Global Perspectives. 3. ed. Nova York: Routledge, 2013.

OFFEN, Karen. "Defining Feminism: A Comparative Historical Approach". *Signs*, vol. 14, n. 1, 1988.

PAIVA, Deslange; STABILE, Arthur; HONÓRIO, Gustavo. "Casos de violência contra mulher, criança e adolescente crescem no Brasil em 2022, mostra Anuário". *G1 SP*, 20 jul. 2023.

PEREZ, Olívia; RICOLDI, Arlene. "A quarta onda do feminismo? Reflexões sobre movimentos feministas contemporâneos". Comunicação, *GT8 – Democracia e desigualdades*, 42º Encontro Anual da ANPOCS, Caxambu, 2018.

PERROT, Michelle. *Minha história das mulheres*. São Paulo: Contexto, 2007.

RACHIDI, Soukaina. "Huda Sharawi: A Remarkable Egyptian Feminist Pioneer". Inside Arabia. *Voice of the Arab People*. 6 jul. 2019. Disponível em: https://insidearabia.com/huda-sharawi-a-remarkable-egyptian-feminist-pioneer/. Acesso em: 12 set. 2020.

RAMDANI, Nabila. "Women in the 1919 Egyptian Revolution: From Feminist Awakening to Nationalist Political Activism". *Journal of International Women's Studies*, vol. 14, n. 2, mar. 2013, p. 39-52. Disponível em: http://vc.bridgew.edu/jiws/vol14/iss2/5. Acesso: 3 out. 2020.

RICH, Adrienne. "Compulsory Heterosexuality and Lesbian Existence". In: RICH, A. *Blood, Bread, and Poetry:* Selected Prose 1979-1985. Nova York: W.W. Norton & Company, 1986.

ROCHEFORT, Florence. *Histoire mondiale des féminismes*. Paris: PUF, 2018. (Coleção "Que sais-je?").

RODRIGUES, Carla. "Dossiê: A quarta onda do feminismo". *Revista Cult*, jun. 2017.

TABAK, Fanny. "A década da mulher como forma de participação e pressão política – Avaliação e balanço". Trabalho apresentado na *IX Reunião Anual da NAPOCS, GT Mulher e Política*, 1985.

TURGEON, Charles. *L'Émancipation politique et familiale de la femme*. vol. 1. Paris: Larose, 1902.

______. *L'Émancipation individuelle et sociale de la femme*. vol. 2. Paris: Larose, 1902.

WALKER, Rebecca. "Becoming the Third Wave". *Ms.*, 1992, p. 39-41. Disponível em: https://msmagazine.com/2002/05/04/becoming-the-third-wave/. Acesso em: 9 ago. 2024.

ZIRBEL, Ilze. *Estudos feministas e estudos de gênero no Brasil*. Dissertação de mestrado. Universidade Federal de Santa Catarina, Florianópolis. 2007. Disponível em: https://www.academia.edu/3598911/Estudos_feministas_e_estudos_de_g%C3%AAnero_no_Brasil.

Construção da Subjetividade e suas Influências Socioculturais

Thais Seghese[1]

"... se ao invés dos dogmas impostos pelas autoridades deixassem exprimir-se as faculdades de julgamento independente do que está presente em cada um, agora em grande parte reprimida, a ordem social nem por isso deixaria de existir. É verdade que talvez surgisse uma nova ordem social, que não estaria necessariamente centrada, de modo exclusivo, nos interesses de alguns poderosos".

Sándor Ferenczi

Introdução

A partir das aulas ministradas pelo então Projeto Heroica, hoje Projeto H., no curso de história da mulher, em parceria com a Universidade Metodista de Piracicaba (Unimep), no ano de 2022, criou-se a ideia de concretizar, ainda mais, os temas propostos e estruturá-los em artigos.

Este artigo tem, então, por objetivo, pensar em como a estrutura social vem influenciando na constituição da subjetividade e como podemos pensar essas influências no sujeito moderno, tendo como foco o ser mulher hoje. Para isso, toma-se um tempo conceituando subjetividade, explicando a importância das histórias nesse processo de construção do eu e, por fim, pensando em como podemos modificar tudo isso.

---

(1) Psicóloga Clínica. Pós-Graduada em Intervenções Sociais Críticas pela PUC-SP. Psicologia e Saúde pelo Instituto Israelita de Ensino e Pesquisa Albert Einstein e em Atuação Clínica em Situações de Suicídio pelo Instituto de Fenomenologia-Existencial. Coordenadora do Núcleo de Psicologia do Projeto H. - Heroica.

A construção da subjetividade

Pode-se pensar a subjetividade como sendo resultado da interação do sujeito com as influências socioculturais, que vão guiar o modo de pensar, agir, sonhar, compreender etc. Ou seja, é o resultado das experiências individuais com as vivências do outro, do externo. Então, não tem como pensarmos um sujeito separado de toda estrutura social que ele vive (culturas, valores, regras, morais etc.) (SILVA e HENNING, 2011).

Freud, em muitos de seus escritos, mas principalmente em "Psicologia das Massas e Análise do Eu", enfatizou a ideia de que não é possível olhar para o sujeito sem olhar para o social, pois o indivíduo, ao mesmo tempo que é ativo na cultura, deixando suas marcas, é passivo de inscrições psíquicas por meio dela (FREUD, 2020). Se quisermos entender os sujeitos hoje, precisamos parar e olhar para o todo. Se quisermos entender o lugar que a mulher ocupa em nossa sociedade nos dias atuais, precisamos pensar sobre como a identidade da mulher foi sendo estruturada ao longo do tempo, como ela foi sendo construída e ditada. Como foram sendo contadas as histórias da civilização. O início, me vem à cabeça, começa com o Mito de Adão e Eva, mas e antes? Não existiam sociedades? Sabe-se que no período de 7000 a.C. a 500 d.C. existiam sociedades matrilineares (coordenadas por mulheres, em que deusas eram adoradas, cultuadas e olhadas de forma diferente da dos dias atuais). Para onde foram essas histórias? Por que não se falam delas? Quem escolheu as histórias que podiam e as que não podiam ser contadas? E como isso influenciou no nosso ser no mundo? Até mesmo nos contos de fadas, qual modelo de homem e mulher eles trazem?

Simone de Beauvoir afirma, a partir de sua famosa frase "ninguém nasce mulher: torna-se mulher", que a identidade da mulher é determinada pelo e para o homem, sendo então, a mulher, o segundo sexo (BEAUVOIR, 1980). Para ela, não é somente o sexo que nos define mulher, mas é nessa relação entre sujeito e sociedade (entre mundo interno e externo), em que cobranças, regras e valores, mesmo que invisíveis, passam a sujeitar esse sujeito, ou seja, passam a determinar o que se deveria ser.

Apoiada no existencialismo, Beauvoir entende, ainda, que o ser humano se forma a partir e através do mundo, numa relação inseparável, em que não dá para ter um, sem ter o outro. É escolhendo através do mundo que o indivíduo se define. Faz, ainda, a relação de o homem ser o sujeito e a mulher ser o outro, determinada e definida a partir desse primeiro. Sendo submetida e submissa a ele (FREITAS, 2018).

Foi, então, por meio da religião, das ciências, da filosofia e das leis que a subordinação da mulher foi sendo entendida como necessária para o desenvolvimento da sociedade e mantida dessa forma, como uma construção social criada de forma desigual, ou seja, é a cultura que define e determina a experiência da mulher, e não só o eu biológico, mas sim em conjunto com a civilização. Vale pensar que essa subordinação da mulher e essa forma como nossa sociedade é estruturada, dão a uns poucos, e aqui eu diria homens, brancos e ricos, o poder necessário. Será que isso também ajuda a conservar as coisas como estão?

Pode-se pensar que foi junto com o surgimento da propriedade privada que o homem se apropriou da mulher e a enclausurou no ambiente doméstico, ou seja, uma opressão econômica que resultou em uma opressão social (fatores históricos e sociais que a colocaram nessa posição), determinando os poderes dos homens e mulheres dentro da sociedade, resultado da construção social (FREITAS, 2018). Gerda Lerner (2022) contraria essa linha de análise histórica, alegando que muito antes de as propriedades serem privadas a mulher já era submetida e objetificada.

Beauvoir entende, então, que é necessário, para que a mulher caminhe no sentido da liberdade, reconhecer a ambiguidade de suas escolhas e, sobretudo, entender a si mesma e ao processo de tornar-se mulher (BEAUVOIR, 1980). É afastar-se dessas concepções predeterminadas reconhecendo-as e se aproximar do verdadeiro eu.

Agora, se a subjetividade está diretamente relacionada com o social, e mais do que isso, a experiência da mulher é determinada e definida a partir desses processos civilizatórios (e a partir do ser homem), fica clara a necessidade de entendermos as histórias que foram sendo contadas, e as que foram sendo silenciadas, para entender o que é ser mulher nos dias de hoje.

E então? Será que ainda queremos ser e ter aquelas mesmas coisas que as mulheres queriam no passado? Mais do que isso, será que a sociedade ainda espera o mesmo de nós? E como o sujeito contemporâneo tem lidado com tudo isso? Vemos que as doenças e transtornos mentais estão aumentando. Os casos de suicídio idem, com uma degradação da saúde mental. O uso de fármacos de forma exagerada é uma prova dessa necessidade de entorpecimento. Os desconfortos pessoais, internos, estão aumentando. Será que não se devem, também, ao fato de estarmos tentando nos colocar em uma posição que não nos cabe mais? E quanto ao desconforto em se separar desse lugar tão conhecido, será que existe?

Fica claro, então, que quando pensamos sobre a situação da mulher, temos que pensar na estrutura social em que vivemos. Uma sociedade patriarcal e machista que diferencia homem de mulher apenas pelo gênero. Uma sociedade que por muitos anos, senão até hoje, colocou a mulher em posição de objeto do homem, como propriedade dele e a quem deve satisfação e proteção. Como a subjetividade da mulher vem sendo influenciada então? O que esperam e desejam das mulheres nesse meio? Mais do que isso, o que esperam e desejam as mulheres?

Betty Friedan traz em seu livro *A mística feminina*, de 1963, a ideia do "problema sem nome" da mulher americana da época, "problema" que a autora relacionou à posição em que a sociedade reservou para as mulheres, sendo elas esposas, donas de casa e mães. Ela observou que naquele momento as mulheres passaram a apresentar esse sofrimento, que lhes causava adoecimento e podia ser entendido como um vazio existencial, que tinha relação com o não pertencimento daquela posição que antes fazia sentido (FRIEDAN, 1971).

Friedan (1971) entende, ainda, que esse sofrimento se dá a partir da discrepância entre a realidade e as imagens que acompanham o ser mulher. Para ela, o sofrimento tem grandes raízes nesse lugar, nessa relação entre eu ter uma imagem ideal de quem eu gostaria de ser (e a sociedade sobre mim de quem eu deveria ser) e de quem eu realmente sou. A essa imagem ideal, a autora denominou a mística feminina.

Mas, o ponto mais impressionante da obra de Friedan foi mostrar às mulheres, e à nossa sociedade, que o sofrimento das mulheres da época estava relacionado a essa tentativa de se adequar aos papéis conhecidos e valorizados da época (esposa, dona de casa e mãe). Ainda nesse contexto e como forma de cuidar desse sofrimento que a cada ano acometia mais e mais mulheres, elas foram se juntando e se estruturando para caminharem no sentido da libertação, por começarem a lutar por seus direitos e se afastar dessas imagens ideais de eu (FRIEDAN, 1971).

É necessário, agora, trazer à luz da consciência o quanto a luta feminista influenciou e influencia nas concepções de sujeitos, mais especificamente no ser mulher, mas, também, na estrutura geral da sociedade. O feminismo pode ser entendido como uma luta em busca de direitos civis, mas mais do que isso, foi uma luta em busca do 'poder ser' quem se quer. Poder ser outra, ser qualquer coisa, não mais só aquelas figuras conhecidas (esposas, mães e donas de casa). Foi, então que as lutas começaram, primeiro pelo direito ao voto, ao estudo e, posteriormente, pelo direito ao próprio corpo (BORIS e CESIDIO, 2007). É importante ressaltar que ainda essa luta não acabou, ainda não conseguimos mudar os nossos pedidos. Ainda hoje estamos lutando por nossos direitos civis, pelo direito à igualdade e pelo direito ao nosso próprio corpo. Escrevo isso, não para causar desânimo, mas para mostrar que nossa luta é diária e que ainda temos que lutar para nos afastarmos, tanto internamente quando externamente, desses ideais de sujeitos, de 'ter que ser' algo pronto, imutável e moldado (FRIEDAN, 1971).

Em minha pesquisa do Trabalho de Conclusão de Curso da Universidade de Ribeirão Preto, intitulada "Bem–Estar Subjetivo e Qualidade de Vida em Mulheres Vítimas de Violência", foi possível observar, a partir do relato das participantes, forte influência de constructos culturais, de questões predeterminadas que acompanham o gênero feminino e que elas trazem como questionamentos, como o papel social que devem exercer como mulher, à forma de se comportar, entre outros, decorrentes de uma sociedade pautada no patriarcado que condiciona uma determinada construção social do que é ser mulher, acabando por validar e manter a mulher nessas posições (TOLEDO e SILVA, 2019).

Abaixo seguem alguns relatos para exemplificar essas questões:

> Participante 4 (Grupo Clínico): *"Eu falei pra ele que o que for melhor pra você, vai ser melhor pra mim, vai ser melhor para os nossos filhos, e aí que eu digo que a religião às vezes, ela cega, quando você não questiona a própria religião, né? Eu, como mulher, tinha*

> *que acompanhar o meu marido, a família toda ficou contra mim, meu cunhado perdeu a amizade comigo, porque disse que eu era irresponsável e que estava indo atrás de um louco com um filho nos braços e outro na barriga. E eu só fui entender isso em 2015, e eu estava em 1998. Eu pensei, esse cara (meu cunhado) não sabe o significado de família".*
>
> Participante 3 (Grupo Clínico) quando inquirida sobre o casamento: "*Não, eu nunca quis isso, o que eu queria na verdade era ir morar junto, porque eu também queria sair do jugo da minha mãe, então, para sair de uma coisa, eu afundei em outra. (...) Nunca foi meu sonho de consumo ser mãe, mas a gente tava casado, sequência natural das coisas e eu sempre fui o que minha mãe chama de boazinha, aquela que não fala não".*
>
> Participante 4 (Grupo Clínico): *"Eu dizia que nós, que eu queria envelhecer ao lado dele, eu queria ver meus filhos crescerem, é a história da carochinha, sabe, conto de fadas? Eu digo que eu vivia numa bolha, no mundo encantado da Disney, e que eu não saí de lá, fui arrancada, porque senão tava lá até hoje".*
>
> Participante 4 (Grupo Clínico): *"Era tudo muito forte em mim, a cultura, as questões religiosas, então naquele tempo, o que eu vivia, eu vivia na esperança, olha o que eu chegava a falar pra ele, hoje eu olho e penso... que absurdo! como uma mulher pode se anular tanto, eu dizia assim pra ele, não importa se você me ama ou não, eu o amo por nós dois".*

Será que realmente já entendemos que não somos propriedade dos homens? Será que nada dessas histórias do passado nos influencia? Será que nos sentimos suficientes como mulher? E mais do que isso, será que ainda desejamos esses modos de ser?

Scarlett Marton traz em seus estudos a ideia de Nietzsche acerca do ser mulher e do ser homem. Para ele, as mulheres têm certa dificuldade em se tornar um espírito livre (aquele ser reflexivo que questiona os valores e tradições), por terem sido feitas para servir e, por desejarem servir, não se mostram prontas para refletir, para questionar (MARTON, 2022).

Afirma ainda que, por se sentirem incapazes de escolher pela própria vida (valores que foram sendo passados de geração para geração), as mulheres limitam-se às exigências dos companheiros, e que é "por amor (que) as mulheres assumem a forma, o formato de pessoa que o amado deseja que ela seja, sob a qual vivem na imaginação dos homens por quem são amadas" (MARTON, 2022).

Talvez seja necessário pararmos para aprofundar o estudo sobre o tema do amor. O que entendemos por amor hoje? Nietzsche vai trazer a ideia de que, na relação com o amor, sempre há um desejo de posse. Para ele, existe uma íntima relação entre amor e poder. Scarlett Marton escreve em seu livro, parafraseando, também, Gaia e a Ciência:

> "Vale lembrar, porém, que antes de tudo é no contexto da relação amorosa entre duas pessoas de sexo diferente que o amor aparece com maior clareza como uma aspiração a se apoderar do outro: O amante quer a posse incondicional e exclusiva da pessoa desejada, quer o poder também incondicional sobre sua alma e seu corpo, quer ser o único amado, habitando e dominando a outra alma como algo supremo e absolutamente desejável. O amante quer tornar-se senhor do ser que ama, porque visa dominá-lo. O desejo de posse aparece, pois, como um móvel visando amentar o poder" (MARTON, 2022, p. 61).

Bell hooks (2021)[(2)]. em seus estudos, questiona e toma certo tempo com a definição de amor e em mostrar o quanto o patriarcado e o machismo auxiliam nesse desentendimento do conceito de amor. Para ela, o amor deve ser entendido como uma força transformadora, como uma afeição profunda. Segundo a autora, sobre uma a definição do psiquiatra M. Scott Peck, que ela cita em seu livro:

> "Amor é um ato de vontade — isto é tanto uma intenção como uma ação. A vontade também implica escolha. Nós não temos que amar. Escolhemos amar. Uma vez que a escolha deve ser

(2) Bell hooks grafa seu nome em minúsculo. Aqui, ora respeitamos seu desejo, ora grafamos como manda a gramática.

> feita para alimentar o crescimento, essa definição se opõe à hipótese mais amplamente aceita de que amamos instintivamente" (2021, p. 47).

Voltando aos relatos das participantes no Trabalho de Conclusão de Curso (2019), fica claro que o amor ganha outro significado, algo mais pautado nas relações de poder, nos ideais de ser, naqueles papéis que tanto tentamos nos adequar e representar. Segundo bell hooks, o amor tem alguns ingredientes, como o cuidado, afeição, reconhecimento, respeito, compromisso, confiança, honestidade e comunicação aberta (HOOKS, 2021). Você entende amor dessa maneira?

Amor e abuso não podem coexistir. Aonde se tem um, não se tem outro. Olhando para nossa sociedade, é visível que o que encontramos mostra mais relações de abuso do que relações de amor (HOOKS, 2021). Amor é cuidado e apoio.

Amor não é sentimento, é ação. E nós temos controle sobre nossas ações, diferente da relação que temos com nossos sentimentos. Se é ação, é escolha, então deve-se haver responsabilidade e comprometimento (HOOKS, 2021).

Dizer que o amor é ação é uma das declarações mais lindas e ousadas, e nos induz a pensar que temos que querer amar, temos que nos esforçar para entender o outro com suas características e não o obrigar a se modificar para atender às minhas necessidades, desejos e anseios. É impossível ler essa declaração e não se autoquestionar sobre como queremos ser amadas e compreendidas. Às vezes, queremos que, por amor, as pessoas adivinhem o que queremos.

Se amamos, respeitamos. Se queremos algo, temos que dizer que queremos. E o outro dá se for possível dar. Se não for possível, olhamos para aquela negativa com a postura adulta de dizer: isso serve para mim como é? Se servir, ótimo. Se não, seguimos separados.

Parece mais fácil do que é.

Entrar em contato com essas verdades leva tempo e traz dor. Aprendemos que mentir, seja para nós mesmos ou para os outros, pode ser uma das maneiras de evitar esse sofrimento. E assim fazemos. Observamos uma sociedade repleta de relações de mentiras.

Voltando a Beauvoir, é então, a partir da consciência de si, da transcendência, que a mulher passa a lutar pelos espaços negados pela sociedade. E é escolhendo que a mulher se torna livre, criando a sua própria história. É a partir desse olhar para dentro, sem se esquecer de questionar, refletir e repensar sobre os valores externos, que se faz possível entrar em contato com a subjetividade do sujeito, com a imagem real (BEAUVOIR, 1980). É por meio da transvaloração que o sujeito chega mais próximo da sua própria verdade.

Um mergulho para dentro de si

Ainda sobre essa relação do sujeito com ele mesmo, de consciência e descoberta de si, Jacques Lacan, psicanalista francês, escreve que encontrar o nosso real desejo não é uma tarefa fácil, pois ele não se mostra claramente. Para ele, linguagem e desejo estão articulados e, junto ao desejo, sempre há uma falta, uma incompletude, que talvez se dê pelo fato de o desejo do sujeito ser o desejo de um Outro. Lacan nos faz pensar, ainda, que a construção da própria imagem, ou seja, a construção do eu, do sujeito, se dá a partir de um terceiro (PALMA e JORGE, 2021).

Para Lacan, é necessário pensarmos sobre o Estádio de Espelho — processo de formação do eu, em que a criança se entende como unidade separada, que se dá a partir de uma identificação com a imagem de si mesmo (imagem do Eu nomeado pelo Outro) – se quisermos entender a posição que o desejo do sujeito ocupa. Pode ser entendida, como a fase em que somos um e atravessamos algo (no caso, o espelho) para se tornar um outro, parte de um processo de preparação do Eu frente aos desejos, que vão estruturando e determinando essas posições do Eu em relação ao Outro e de sua identificação com o Eu real (LACAN, 2016).

Ainda segundo Lacan (2016), deve-se, então, a partir da inversão da posição do olhar do sujeito, buscar o sentimento de que o um e o Outro se tornam um só, integrados, ou seja, a imagem virtual se relaciona à imagem real. E é isso que a análise busca, essa inversão da posição do sujeito, essa modificação no olhar para buscar entender como essa ilusão é produzida.

Em outras palavras, é buscar entender como a linguagem foi sendo estruturada para aquele sujeito, como ele conta sua história.

Nietzche estuda a ideia de espírito livre, que difere do espírito submisso e se define em sua oposição. Para ele, a busca pela transvaloração dos valores, essa mudança dos valores tradicionais impostos (pela cultura, religião, moral, Estado) por novos valores, ou seja, essa inversão dos valores tradicionais permite que o sujeito se liberte e crie seus próprios valores, a partir de sua experiência, tornando-se mais próximo de si mesmo (MARTON, 2022).

Ainda sobre os espíritos livres, Nietzsche entende que são aqueles sujeitos que pensam de modo distinto do que espera a sociedade, que se revoltam contra autoridades, que se libertam de crenças e tradições, que se afastam dos modos habituais de agir e pensar, que se atentam para a força que existe em tentar nos aprisionar no espírito submisso, àquele que permanece submisso às normas e condutas aceitas em nossa sociedade, sem nem se questionar (MARTON, 2022).

A todo momento, a Igreja, o Estado, a educação e a sociedade como um todo tentam moldar o sujeito a cumprir papéis, em "tornar o educando semelhante ao educador" (MARTON, 2022, p. 54), eliminando as diferenças e, por sua vez, diminuindo a singularidade, tonando todos mais ou menos os mesmos. Segundo a autora, há a necessidade de se afastar de todas essas crenças, de abordar uma questão a partir de vários ângulos e de desconfiar de todas as atitudes dogmáticas para entrar em contato com o verdadeiro eu, com a subjetividade do sujeito. E então eu te pergunto, você tem questionado algumas crenças e tradições? Você tem observado essa força que insiste em nos aprisionar em certos moldes prontos ou você já está aprisionada?

Por isso, é necessário que se faça uma viagem por dentro de si, que haja o reconhecimento do desejo, para que se entenda como a linguagem foi sendo articulada e quais possibilidades existem para o ser. Hoje sabemos, pelo menos conscientemente, que não temos que representar nenhum papel, que não somos obrigadas a — simplesmente pelo fato de sermos mulher — realizarmos determinados feitos. Mas sabemos, também, que o desejo não aparece claramente, que ele está pautado na linguagem e que tem relação com o Outro, e que às vezes, o desejo do Outro aparece mais forte que o do Eu.

Então, para aquelas que gostariam de se entender, eu as convido a fazerem um mergulho para dentro de si, questionando sobre os desejos dos seus cuidadores sobre você, dos que estão à sua volta e dos seus próprios desejos. Para além disso, pense na forma como você utiliza a sua linguagem. Como você tem contado a sua história? Como você tem se entendido? Como você entende suas obrigações como sujeito e, mais do que isso, como mulher?

Segundo Sócrates e depois Camus, a vida que vale a pena ser vivida é a vida examinada, ou seja, essa vida quando estamos com os olhos atentos, questionadores para buscar o que sentimos, o que queremos, porque sentimos e porque queremos.

Considerações finais

Então, se a subjetividade é aqui entendida como a construção do sujeito, levando em conta o meio sociocultural que ele vive, e se somos todos compostos de histórias que nos norteiam, que dão sentido e valor ao ser, é necessário que nos atentemos aos modos de ser da sociedade para entendermos os lugares que os sujeitos ocupam e, para além disso, entendermos como o Eu enxerga os lugares que ele deve ocupar, separados dessas predeterminações sociais.

Pensando no ser mulher, fica claro, através das histórias, que a mulher foi sendo apagada e excluída das preocupações, dos direitos e dos desejos subjetivos. Fica claro que fomos deixadas de lado, assim como nos mostra o conto mais conhecido de nossa sociedade, primeiro se fez o homem, para depois se fazer a mulher (BEAUVOIR, 1980). Até hoje essa regra ainda é válida. Primeiro ele, depois nós mulheres.

Então, se você se deseja seguir um caminho mais seu do que do outro, vire-se para si. Questione. Analise. Observe. Cuide de você e do seu eu. A ideia é destrinchar, acessar cada canto do sujeito. Não é uma tarefa fácil nem gostosa, mas é essencial para aquele que quer, a cada dia, se entender e se conhecer mais a fundo.

Existem vários métodos que podem ser utilizados como norteadores desse processo de conhecimento de si, como tabelas de análise e autoidentificação, testes, guias práticos, entre outros, formatadas por universidades e grupos de estudiosos da psicologia que visam auxiliar os sujeitos nessa caminhada. No entanto, nenhuma delas suplanta a necessidade de um trabalho direcionado, individualizado, de psicoterapia com um profissional capacitado, que auxilie o sujeito nessa descoberta de si.

Mas a ideia é essa, mergulhar-se em si, questionando e se observando, a todo momento.

Por fim, o intuito deste artigo é, também, discutir sobre esses temas para que se aumentem os debates, as bibliografias, os estudos, acerca de nós mulheres, para que assim a gente consiga repensar, reestruturar e modificar esse modo de ser, para que não se tenha um único jeito, mas vários modos de ser. Afinal, somos sujeitos únicos, atravessados por questões pessoais que vão, junto com a construção social, determinando a subjetividade.

Referências

BEAUVOIR, S. *O segundo sexo:* Fatos e mitos. Rio de Janeiro: Nova Fronteira, 1980.

BORIS, Georges Daniel Janja Bloc; CESIDIO, Mirella de Holanda. "Mulher, corpo e subjetividade: uma análise desde o patriarcado à contemporaneidade". *Rev. Mal-Estar Subj.*, Fortaleza , v. 7, n. 2, p. 451-478, set. 2007.

FREITAS, I. R. "A mulher segundo Beauvoir: problema da construção do gênero feminino". *Instituto de Ciências Humanas e Filosofia.* Niterói, 2018.

FREUD, S. *Psicologia das massas e análise do eu.* Cultura, sociedade, religião: O mal-estar na cultura e outros escritos. Edição do *Kindle.* São Paulo: Autêntica, 2020.

FRIEDAN, Betty. *A mística feminina.* Petrópolis: Vozes, 1971.

HOOKS, Bell. *Tudo sobre o amor:* novas perspectivas. São Paulo: Elefante, 2021.

LACAN, Jacques. *O Seminário, livro 6:* O desejo e sua interpretação. Texto estabelecido por Jacques-Alain Miller. Tradução Claudia Berliner. Rio de Janeiro: Zahar, 2016. (Campo Freudiano no Brasil).

LERNER, Gerda. *A criação da Consciência Feminista:* a Luta de 1.200 anos das mulheres para libertar suas mentes do pensamento patriarcal. São Paulo: Cultrix, 2022.

MARTON, Scarlett. *Nietzsche e as mulheres:* figuras, imagens e tipos femininos. Belo Horizonte: Autêntica, 2022.

PALMA, R. J. A. de P.; JORGE, M. A. C. "A constituição subjetiva no grafo do desejo de Lacan". *Estilos da Clinica — Portal de Revistas da USP*, 29 abr. 2021. Disponível em: https://www.revistas.usp.br/estic/article/view/174806/171325. Acesso em 9 ago. 2024.

SILVA, R. B.; HENNING, L. M. P. "A construção da subjetividade: notas sobre o sujeito". *Acta Scientiarum. Human and Social Sciences*, v. 33, n. 1, p. 67-47, 24 fev. 2011.

TOLEDO, T. S.; SILVA, M. A. *Bem-estar subjetivo e qualidade de vida em mulheres vítimas de violência doméstica.* Monografia (graduação) – Universidade de Ribeirão Preto, UNAERP, Psicologia, Ribeirão Preto, 2019.

Outros Instrumentos Normativos e Institucionais de Defesa da Mulher

Marilda Soares(1)

Quando nos referimos às questões de direitos das mulheres e às desigualdades existentes nas relações de gênero, necessitamos sempre considerar, dentre outras apreciações, as perspectivas histórica, sociológica e antropológica, compreendendo que parte substancial das agruras, violências e violações de direitos sofridas pelas mulheres no meio social e nos espaços domésticos e institucionais é resultado também de um imaginário social que relegou a mulher ao *status* — lugar social — de um ser *"frágil"*, *"menos capaz"* e, portanto, *"inferior"*.

A história das mulheres se constitui desde os tempos imemoriais, quando os grupos humanos estavam ainda em processo de construção de formas mais organizadas de produção econômica e cultural, estrutura política e vida em sociedade.

A primeira luta da humanidade esteve ligada à produção da sobrevivência, ou seja, à busca incessante pelo alimento diário e de proteção contra animais ferozes e hordas de inimigos, em um tempo de primitivismo e imposição do poder por meio da força física e, talvez, da força psicológica, pelo medo do mais forte e mais violento. É nesse tempo tão recuado, que nos remete à pré-história da humanidade, que se estabeleceu a divisão sexual do trabalho, com a definição dos papéis que mais tarde seriam incorporados às estruturas de poder social, com os seres humanos masculinos defendendo

---

(1) Historiadora, com Mestrado e Doutorado em História Social. Pedagoga, com Especialização em Psicopedagogia e Neurociência. MBA em Administração Pública e Gerência de Cidades. Atua como assessora especial de projetos na Secretaria Municipal de Educação de Piracicaba e como professora associada profissional no MBA em Gestão Escolar do Pecege/USP/ESALQ.

os territórios de coleta, caça e pesca, e os seres humanos femininos cumprindo o papel de procriação e de cuidados com a prole. Assim, falando de modo bastante breve e genérico, definiu-se o espaço externo como domínio do homem e o espaço interno como domínio da mulher.

Durante todo o período da Antiguidade Oriental e da Antiguidade Clássica, esses papéis foram se mantendo e consolidando, mas a eles foram acrescidas outras formas de hierarquização, como, por exemplo, a divisão social do trabalho, instituindo formas de separação das tarefas produtivas entre integrantes de uma mesma sociedade, elegendo como critérios para tais separações o gênero, a idade, as habilidades e capacidades físicas e intelectuais, a classe social, dentre outros aspectos.

A título de exemplo, como salienta Sandra Ferreira dos Santos (2016), o papel social da mulher na Grécia Antiga[(2)] estava intrinsecamente associado ao casamento e à religião, sem que tivessem lugar no mundo da cidadania e da participação política direta, reservado exclusivamente aos homens. E a pesquisadora acrescenta que *"o casamento era uma instituição fundamental para aquela sociedade, uma vez que garantia a descendência legítima, a cidadania dos filhos e a manutenção da propriedade"*. Assim, as relações de gênero pautavam-se nesses valores que deveriam ser cultivados de forma ritualística e permanente.

Sobre as mulheres da Roma Antiga, Philo de Alexandria, em sua obra *As Leis especiais*, trazia a seguinte apreciação: *"Se alguma mulher, ao ouvir que seu marido está sendo agredido, está sendo levado para longe de seu afeto; levada pelo amor ao marido, deve se render aos sentimentos que a dominarem e correr para ajudá-lo. Ainda assim, não deve ser tão audaciosa e comportar-se como um homem, ultrapassando a natureza de uma mulher* [...]" (*apud* TOLFO, 2016).

Quanto se traz a abordagem histórica para o debate é sempre com o intuito de desnaturalizar as identidades sexuais, como também a divisão sexual do trabalho e as relações assimétricas entre homens e mulheres, entre as identidades de gênero. Como afirma Oliveira (2001), *"trata-se da tentativa de romper com explicações essencialistas acerca da posição de subordinação das mulheres em diferentes sociedades"*.

(2) A história da Grécia Antiga corresponde ao período que data de c. do séc. XII a.C. ao séc. II a.C.

Ao apreciamos os estudos dos pesquisadores linguistas, localizamos nas origens etimológicas das palavras muito do imaginário social projetado e reforçado nas formas de tratamento. Assim, em "matriarca", temos a origem latina de *"mater"* = mãe + *"arkho"* = comando. Do mesmo modo, em "patriarca", temos o comando do *"pater"* = pai.

Quando nos referimos a outros termos próximos, também originários da Roma Antiga, identificamos a palavra "patrimônio", do latim *"patrimonium"*, significando a herança familiar do *"pater"* (pai), que detinha o poder sobre seus domínios, sendo terras ou pertences vivos particulares, dispondo legalmente sobre eles. Pela semelhança, poderíamos estabelecer uma relação simétrica com a palavra *"matrimonium"*, contudo o sentido dado ao termo é totalmente outro. *"Matrimonium"* era a palavra que designava o *status* da mulher, associado ao seu reconhecimento social quando casada e mãe.

Esse olhar sobre o passado nos permite identificar as continuidades e permanências no que tange ao lugar social da mulher. Em diferentes territórios e contextos históricos, é possível encontrar apreciações profundamente desiguais e que associam o feminino à emotividade e ao irracionalismo.

No caso específico do Brasil, as normas que regiam o casamento e os direitos dos maridos sobre as esposas estavam contidas nas Ordenações Filipinas,(3) documentos que definiam que as mulheres, as crianças e os escravos eram legalmente submissos ao homem livre. As leis anulavam a mulher como pessoa jurídica, legitimando sua dependência das figuras masculinas da família e a punição destinada à mulher era diferenciada e exemplar, sendo que a ela não era dado o direito à fala. As Ordenações também asseguravam ao marido o direito de matar a mulher suspeita de traição, definindo, textualmente: *"Achando o homem casado a sua mulher em adultério, licitamente poderá matar assim a ela, como o adúltero"* (Livro V, tít. XXXVIII).

Como bem aponta Pierre Bourdieu (1989) em seus estudos sobre a violência simbólica, *"ao se associar o feminino com a sensibilidade, a fraqueza*

(3) As Ordenações Filipinas são o conjunto de Leis que vigorou no Brasil por mais tempo, sendo promulgado em 11 de janeiro de 1603 e sendo revogado pelo Código Penal do Império em 16 de dezembro de 1830, perfazendo uma vigência de quase 228 anos. No caso específico da propriedade de escravos, foram superadas apenas em 1871, e em relação à família, as Ordenações Filipinas foram superadas apenas em 1916.

ou a emotividade (em contraposição à racionalidade e à força), estamos operando uma dimensão de poder que, na prática, leva à redução das possibilidades de ação, protagonismo e autonomia das mulheres".

Pesquisadores de referência sobre o assunto, como por exemplo Joan Scott, têm abordado o conceito de gênero, que foi cunhado nos anos 1970-1980, a partir de intensos debates que passaram a questionar e se opor à abordagem biológica, binária. Ainda que o conceito de gênero esteja em construção, as problematizações são sempre bem-vindas, pois auxiliam a reformulação e a superação de pressupostos tradicionalmente aceitos e cotidianamente reproduzidos de forma irrefletida.

Ao abordar a mentalidade do período colonial, Kellen Jacobsen Follador (2009) afirma que as mulheres eram classificadas como honradas, desonradas e sem honra:

> As mulheres desonradas eram aquelas que praticavam relações extraconjugais, perdiam a virgindade antes do casamento ou possuíam um comportamento desajustado socialmente. Elas manchavam a honra da família ou de seus maridos e, por isso, eram exemplarmente punidas pelos familiares ou condenadas ao ódio da sociedade. As mulheres honradas eram aquelas que seguiam os padrões e normas que a sociedade impunha, seguindo também o ideal de pureza mariano. Deveriam exaltar as virtudes de uma vida recatada e submissa ao poder masculino, ora do pai, ora do marido. Por fim, as mulheres sem honra eram aquelas, na maioria, ligadas direta ou indiretamente à prostituição e aquelas ligadas ao submundo das ruas. As escravas, por exemplo.

Os Manuais Portugueses de Casamento (ALMEIDA, 1989), usados como referências para ensinar os maridos a tratar e controlar as suas esposas, traziam apreciações de interesse para a reflexão sobre o tema.

> Grande glória ao marido é ver sua mulher como lhe tem governada a casa, e consertada, e regida, como lhe aparelha o comer,

> como lhe cria os filhos, como lhe aproveita a fazenda, como descarrega ao marido dos cuidados e os toma para si (Doutor João de Barros, Espelho de casados, 1540).
>
> A riqueza maior da mulher não é recomendável porque a soberba a levaria a querer "possuir e governar tudo, sem respeito algum ao grau de preeminência e superioridade que Deus e as leis puseram nele (o marido) [...] elas ficam sendo os maridos e eles as mulheres [...] e desta desordem nascem liberdades que ofendem as honras, inquietações que perturbam as almas, e às vezes desgraças que arriscam as vidas (Diogo de Paiva de Andrada, Casamento perfeito, 1630).
>
> "Dê-se-lhe a entender à mulher que a coisa que mais deve querer é a seu marido. Tenha o marido para si que a coisa que mais deve querer é a sua honra, e logo sua mulher (D. Francisco Manuel de Melo, Carta de Guia de Casados, 1651).

Mesmo no século XX, as leis continuaram referendando o poder dos homens sobre as mulheres, como demonstra o Código Civil de 1916, que definia que só o casamento constituía a família legítima, como união indissolúvel, mesmo em caso de desquite, assim como delegava ao marido o pátrio poder e o comando exclusivo da família, ficando também a mulher dependente de consentimento para exercer profissão, assinar contratos, aceitar ou repudiar herança etc. Havendo discordância entre os cônjuges quanto às questões sobre os filhos, prevalecia a vontade paterna.

Quando da aprovação da lei de 1962, chamada "Estatuto da Mulher Casada", pela primeira vez a mulher não necessitava de autorização marital para o trabalho e recebia igualmente o pátio poder. Contudo, a lei explicitava que *"o marido é o chefe da sociedade conjugal"*, sendo que a ele compete *"o direito de fixar o domicílio da família"* e *"divergindo os progenitores, prevalecerá a decisão do pai"*; em caso de desquite *"os filhos menores ficarão com o cônjuge inocente"*.

Pode-se associar a violência contra a mulher a esses fatores que, sobretudo, tornavam legítimas as ações de controle e agressão contra as mulheres, legitimando, inclusive, os ditos "crimes passionais".[4]

O argumento de "crime passional" foi usado, em 1979, pelo advogado de defesa de Raul Fernando Street (Doca Street), quando julgado pelo assassinato de Angela Diniz, feminicídio cometido em 1976. O crime, de grande repercussão, se deu quando Angela Diniz rompeu o namoro e retirou-se para sua casa em Cabo Frio, no Rio de Janeiro, onde foi morta a tiros pelo ex-namorado. O réu se beneficiou da tese de "legítima defesa da honra" e de ter "matado por amor". A defesa alegou que a vítima tinha má conduta, levando o réu a perder o controle sobre seus sentimentos e ações. Nas palavras do advogado de defesa Evandro Lins e Silva:[5]

> O Júri já viu que este moço apaixonou-se, apaixonou-se perdidamente. E a paixão sempre é cega, não é boa conselheira. [...].
>
> E, então, toda a visão que ele tem dos valores da vida se deforma. Ele passa a viver em função daquela ideia fixa, que é a mulher amada. É claro que ele vai se descontrolando em tudo o que faz, minadas as suas resistências pela paixão doentia que o avassala. Isso acontece [...] quando um homem cai nas garras de uma "mulher fatal".
>
> A "mulher fatal", esse é o exemplo dado para o homem se desesperar, para o homem ser levado, às vezes, à prática de atos em que ele não é idêntico a si mesmo, age contra a sua própria natureza.
>
> Senhores jurados, a "mulher fatal" encanta, seduz, domina, como foi o caso de Raul Fernando do Amaral Street (OAB-SP, s.d.).

---

(4) A palavra passional vem do latim *"passionalis"*, que significa "suscetível de dor". A palavra *"passio"*, da mesma raiz latina, fignifica "paixão", "sofrimento", "perturbação moral".

(5) Em momento posterior, o Tribunal de Justiça anulou o julgamento e encaminhou Raul Fernando Street a novo júri, no qual o réu foi condenado a cumprir pena de homicídio.

Tais exemplos, mesmo remontando a espaços e tempos distantes, evidenciam as formas de compreensão e de inserção da mulher no meio social. À medida que vão permanecendo como formas relativamente rígidas de controle sobre as mulheres, vão também contribuindo para a legitimação da violência doméstica e familiar contra as mulheres e o feminino, de modo amplo.

Em 1979, a Organização das Nações Unidas publicou a Declaração da ONU-CEDAW — Declaração sobre a Eliminação de todas as Formas de Discriminação contra a Mulher, que afirma que os Estados-Partes concederão ao homem e à mulher os mesmos direitos no que respeita ao direito, à liberdade de movimento e à liberdade de escolha de residência e domicílio. Além disso, os Estados signatários comprometeram-se a adotar as medidas necessárias para eliminar a discriminação contra a mulher em todos os assuntos relativos ao casamento e à promoção da igualdade entre homens e mulheres, assegurando os mesmos direitos e responsabilidades durante o casamento e por ocasião de sua dissolução; os mesmos direitos pessoais como marido e mulher, inclusive o direito de escolher sobrenome, profissão e ocupação; os mesmos direitos em matéria de propriedade, aquisição, gestão, administração, gozo e disposição dos bens. O Brasil ratificou a Declaração da ONU-CEDAW em 1984, período em que, contraditoriamente, ainda estava vigente o Estatuto da Mulher Casada.

Em 1985 foi criado o Conselho Nacional dos Direitos da Mulher, primeiro órgão de caráter nacional a ter a incumbência de promover políticas públicas voltadas à eliminação da discriminação contra a mulher e atual integrante da Secretaria de Políticas para as Mulheres. Nos anos de 1985-1986, o Conselho coordenou uma pesquisa que teve como fonte os processos judiciários envolvendo espancamentos, estupros e assassinatos ocorridos no período. O objeto da análise era o tratamento jurídico da violência de gênero no Brasil, sendo que a pesquisa concluiu que Defesa e Acusação *"sancionam, do conjunto de informações, fatos que se ajustam a um retrato estereotipado dos protagonistas do crime"*. Nesse sentido, os estudos demonstraram que os papéis de gênero definiam tratamento desigual para homens e mulheres, considerando a maior ou menor adequação do homem e da mulher aos padrões idealizados e socialmente aceitos para cada um dos sexos.

O período foi de grande mobilização por parte dos movimentos sociais e dos movimentos de mulheres, o que se refletiu na instituição pela Organização das Nações Unidas da Década da Mulher, de 1985 a 1994, como forma de estimular os países-membros a trabalhar contra as disparidades nas relações de gênero e criar políticas mais efetivas de atendimento às necessidades das mulheres como cidadãs.

No Brasil, lentamente foram se estruturando alguns serviços para proteger as mulheres vitimadas pela violência de gênero, sobretudo doméstica e familiar: em 1986, em Pão Paulo, foi instalada a primeira casa-abrigo para mulheres em situação de risco de morte; em 1998, foi publicada a Norma Técnica do Ministério da Saúde para prevenção e tratamento dos agravos resultantes da violência sexual; em 2002, foi publicado pela Secretaria de Estado de Direitos da Mulher o Programa Nacional de Combate à Violência contra a Mulher; em 2003, criada a Secretaria Especial de Políticas para Mulheres (SPM); em 2004, o Serviço de Atendimento às Mulheres Vítimas de Violência Sexual (SAMVVIS). Também em 2004 organizou-se a I Conferência Nacional de Políticas para Mulheres e a seguir, entre 2004 e 2005, surge o I Plano Nacional de Políticas Públicas para Mulheres.

Ainda que a Constituição Federal de 1988 tenha assegurado os direitos igualitários para mulheres, em 2001 a Comissão Interamericana de Direitos Humanos, integrante da Organização dos Estados Americanos (OEA), responsabilizou o Brasil por omissão e negligência quanto à violência doméstica e familiar contra a mulher, assim como por tolerância em relação à violência doméstica contra as mulheres. Na época, os dados indicavam mais de 50 mil assassinatos de mulheres nos 20 anos anteriores.

Os direitos constitucionais assegurados às mulheres são: isonomia: igualdade de direitos e obrigações perante a lei, sem distinção de qualquer natureza, seja na vida civil, no trabalho ou na família; legalidade: ninguém pode ser levado a fazer o que não quer, desde que não seja obrigado por Lei; direitos humanos: proibição de tortura, tratamento desumano ou degradante; garantia de inviolabilidade da intimidade e da vida privada; direitos e deveres individuais e coletivos: permanência da presidiária com seus filhos durante o período de amamentação; definição da prática do racismo como crime, sujeito à pena de reclusão, inafiançável e imprescritível; direitos sociais:

garantia de educação, saúde, trabalho, lazer, segurança, previdência social; direitos trabalhistas: proibição de diferença salarial, função ou admissão por motivo de sexo; garantia de licença à gestante, sem prejuízo do emprego e do salário, com duração de 120 dias; proteção do mercado de trabalho da mulher, mediante incentivos específicos; assistência gratuita aos filhos e dependentes desde o nascimento, até 6 anos de idade em creches e pré-escolas; direitos das trabalhadoras domésticas: garantia de salário-mínimo, 13º salário, folga semanal, férias remuneradas, licença à gestante de 120 dias, licença paternidade, aposentadoria, integração à Previdência Social; direitos políticos: votar e ser votada; seguridade social: saúde, previdência e assistência social; família: direitos e deveres iguais pelo homens e mulheres; reconhecimento da estável como entidade familiar; diminuição do prazo do divórcio para 1 ano, em caso de separação judicial e para 2 anos em caso de separação de fato; garantia de que o Estado criará mecanismos para coibir a violência familiar; direitos à propriedade: a mulher passa a ter direito ao título de domínio e à concessão de uso da terra, independentemente de seu estado civil, tanto na área urbana como rural.

Não obstante as garantias legais, os dados da violência doméstica e familiar continuavam crescentes, agravados pelo fato de que o Brasil não avançava na criação de políticas públicas e mecanismos efetivos para a proteção às mulheres.

Assim, os movimentos feministas, em plena atuação, passam a pressionar os poderes públicos para implantar políticas públicas eficazes, com foco no atendimento e proteção à mulher, especialmente as delegacias de defesa da mulher, cuja primeira unidade foi instalada no estado de São Paulo em 1985, para atendimento especializado às vítimas de violência física, moral e sexual.

Em 2003, foi criada a Central de Atendimento à Mulher — Ligue 180, com o objetivo de orientar mulheres em situação de violência sobre a legislação vigente e a rede de atendimento e acolhimento de mulheres em situação de vulnerabilidade, direcionando-as para os serviços especializados da rede de atendimento, como também monitorar o andamento dos processos nos órgãos competentes. O último relatório publicado em 2020, referente ao ano anterior, registrou um total de 1.314.113 atendimentos telefônicos, com 85.412 denúncias (BRASIL, 2020).

Posteriormente à Lei Maria da Penha, de 2006, os poderes públicos foram instituindo outros instrumentos como, por exemplo, o Programa Bem-Me-Quer, os Centros de Referência de Atendimento às Mulheres, a Casa da Mulher Brasileira, os programas de assistência social e saúde, também voltados às mulheres.

A Lei Maria da Penha, notadamente uma referência mundial em termos de legislação, prevê, dentre outros aspectos, o desenvolvimento de trabalhos em perspectiva intersetorial e multidisciplinar, o que se mostra, ainda, um desafio para as políticas públicas, demandando um olhar especializado, amplo e sensível por parte das instituições e setores que atendem as mulheres vulnerabilizadas pelas violências física, psicológica, sexual, moral e patrimonial. Dentre os desdobramentos correlatos à sua aprovação, destacam-se os mapeamentos sistemáticos da violência e a gradativa disponibilização de serviços especializados em mais de mil postos de atendimento (médico, jurídico, assistencial e outros).

Avançando na legislação sobre o tema, em 2012 foi aprovada a Lei Carolina Dieckmann, tornando crime a invasão de aparelhos eletrônicos para obtenção de dados particulares; em 2013, a Lei do Minuto Seguinte passou a oferecer garantias a vítimas de violência sexual, como atendimento imediato pelo SUS, amparo médico, psicológico e social, exames preventivos e informações sobre seus direitos; em 2015, a Lei Joana Maranhão definiu a alteração nos prazos quanto à prescrição de crimes de abusos sexuais de crianças e adolescentes, com prazo de 20 anos para a denúncia; também em 2015 foi aprovada a Lei do Feminicídio, prevendo o feminicídio como circunstância qualificadora do crime de homicídio, ou seja, quando o crime for praticado contra a mulher por razões da condição de sexo feminino.

Em 2013, foi definida a ampliação da Central de Atendimento à Mulher – Ligue 180; a criação da Casa da Mulher Brasileira; a implantação de programas humanizados de atendimento às vítimas de violência sexual e de Centros de Atendimento às Mulheres; a realização de campanhas de conscientização e prevenção à violência. Esses serviços continuam sendo objetivo de questionamento por parte da sociedade civil, uma vez que foram implantados em pouquíssimas localidades.

Uma das mais importantes reivindicações dos movimentos de mulheres em relação às políticas públicas é a implantação de Delegacias de Defesa da Mulher com funcionamento 24 horas e nas diferentes localidades do país. São Paulo conta com 140 delegacias especializadas, das quais apenas 11 com atendimento 24 horas. No Brasil há somente 404 Delegacias da Mulher; apenas 7,3% dos 5.560 municípios brasileiros possuem Delegacias da Mulher e, dessas, somente 15% das unidades especializadas funcionam 24 horas. A Lei n. 14.541/2023, aprovada pelo Senado, determina o funcionamento ininterrupto das Delegacias Especializadas de Atendimento à Mulher.

Em relação às políticas protetivas, mostram-se importantes as atuações dos Conselhos Estaduais e Municipais das Mulheres, visto que têm a possibilidade de apresentar ao poder executivo de suas instâncias de atuação os seus respectivos Planos de Políticas Públicas para Mulheres, abrangendo os diversos serviços de atendimentos nos sistemas de Saúde, Assistência, Educação, Segurança Pública e Justiça, dentre outros, entendendo que há a necessidade de identificar as suficiências e os desafios a serem vencidos no sentido de garantir os direitos humanos das mulheres.

Destaca-se, em meio a esse quadro de transformações e muitas permanências, a necessidade de conexão entre os serviços, bem como a construção de estruturas sociais mais igualitárias e solidárias, com a oportunização de circunstâncias e contextos que garantam às mulheres, para além da proteção contra as violências cotidianas, as condições de acesso à educação superior, ao trabalho em igualdade de remuneração, o acesso à moradia, transporte, segurança alimentar, saúde, segurança pública e justiça, a participação na vida pública e a ocupação dos espaços de poder e decisão.

Um caminho necessário — e inclusive já apontado por todos os profissionais de referência dos serviços técnicos de atendimento e proteção às mulheres — é a implantação de políticas públicas que assegurem a intersetorialidade, sobretudo como política de gestão e atuação em rede nos serviços de saúde, segurança pública, assistência social, justiça, educação e cultura, emprego e renda, habitação, transporte e mobilidade etc., de modo que tais práticas integradas resultem em maior eficiência e eficácia, assim como maior impacto positivo em benefício das mulheres e de toda a sociedade.

Referências

ALMEIDA, Angela Mendes de. "Os Manuais Portugueses de Casamento dos séculos XVI e XVII". *Revista Brasileira de História/ANPUH*, v. 9, n. 17, 1989.

BOURDIEU, Pierre. *O poder simbólico*. Rio de Janeiro: Bertrand Brasil, 1989.

BRASIL. Balanço 2019. *Ligue 180 Central de Atendimento à Mulher*. Brasília: Ministério da Mulher, da Família e dos Direitos Humanos — Ouvidoria Nacional de Direitos Humanos, 2020.

BUTLER, Judith. *Problemas de gênero:* feminismo e subversão da identidade. 11. ed. Rio de Janeiro: Civilização Brasileira, 2016.

FOLLADOR, Kellen Jacobsen. "A mulher na visão do patriarcado brasileiro: uma herança ocidental". *Revista Fato & Versões*, n. 2, v.1, 2009.

OAB São Paulo. *O Caso Doca Street*. Disponível em: https://www.oabsp.org.br/sobre-oabsp/grandes-causas/o-caso-doca-street.

OLIVEIRA, Ana Cristina Oliveira de. *Gênero, saúde reprodutiva e trabalho:* formas subjetivas de viver e resistir às condições de trabalho. 2001. Dissertação de Mestrado. Rio de Janeiro: Fundação Oswaldo Cruz, 2001.

SANCHEZ, Beatriz Rodrigues. "Nos queremos vivas, livres e sem medo": uma análise do processo de tramitação e aprovação da Lei Maria da Penha no Congresso Nacional. *X Seminário Discente da Pós-Graduação em Ciência Política da USP*. São Paulo: Universidade de São Paulo, 2020.

SANTOS, Sandra Ferreira dos. "A mulher na Magna Grécia: um 'objeto' de valor". *Revista Clássica*, v. 29, n. 1, 2016.

SCOTT, Joan. *Gênero:* uma categoria útil para a análise histórica. Recife: SOS Corpo, 1995.

TOLFO, Sarah Silva. *Estranho, Minha Mensagem É Curta:* Mulheres romanas vistas através de Seus Epitáfios. Porto Alegre: Universidade Federal do Rio Grande do Sul, 2016. Disponível em: https://www.academia.edu/102535423/_Estranho_minha_mensagem_%C3%A9_curta_mulheres_romanas_vistas_atrav%C3%A9s_de_seus_epit%C3%A1fios.

Estrutura Histórico-Material da Violência Contra a Mulher e seus Reflexos Perpetrados por Meio das Diversas Formas de Violência em Desfavor do Gênero Feminino

Raphaella Olivato[1]

1. Introdução

O presente artigo visa analisar a estrutura histórico-material da violência contra a mulher e seus reflexos, perpetrados especialmente por meio das diversas formas de violências em desfavor do gênero feminino, a fim de melhor elucidar o contexto social atual de opressão às mulheres.

Por meio do estudo da perspectiva histórico-material da violência contra a mulher, foi possível verificar que historicamente a mulher foi colocada como propriedade do homem, sendo que a heteronormatividade e a dominação masculina se impuseram na cultura através da criação de ideologias de supremacia masculina e, em contrapartida, subjunção feminina.

Ao longo da história foram desenvolvidas atribuições sociais femininas e masculinas desiguais, que construíram relações de poder dos homens sobre as mulheres, sendo que até os dias atuais, enquanto os homens detêm funções produtivas, as mulheres detêm funções reprodutivas, divisões de

(1) Graduada em Direito pela UNISAL (Centro Universitário Salesiano de São Paulo) de Americana/SP — *Campus* Maria Auxiliadora. Pós-Graduada em Criminologia, Direito Processual Penal e Direito Penal pela PUC (Pontifícia Universidade Católica) de Campinas/SP. Pós-Graduada em *Performance* advocatícia (Escola Superior de Direito).

funções estas que subsistem propositalmente para fragilizar as mulheres objetivando evitar que elas ocupem postos de poder.

Em consequência a esse sistema social que subordina o sexo feminino, subsistem diversas formas de violência contra o gênero feminino, perpetradas através de condutas comissivas e/ou omissivas, de discriminação, agressão ou coerção, praticadas pelo simples fato de a vítima ser mulher, tais como, as violências doméstica, familiar, física, psicológica, sexual, patrimonial, moral, institucional, obstétrica e política.

Verifica-se, porquanto, que a violência contra as mulheres é um problema do Estado, que deve ser combatido por meio de ações eficazes em busca de uma sociedade mais justa e igualitária entre homens e mulheres.

2. Estrutura histórico-material da violência contra a mulher

A apresentação da temática da estrutura histórico-material da violência contra a mulher objetiva explorar as relações entre o patriarcado e o machismo, na perspectiva de que essas relações instituem valores culturais que reverberam na violência contra o gênero feminino.

Estudar o ponto de vista histórico-material da violência contra a mulher denota a análise dos elementos da história e da cultura que resultaram na formação da sociedade machista-patriarcal atual, isto pois, subsiste uma narrativa masculina sobre a história da mulher, sendo que a violência sofrida pelas mulheres é fruto de um sistema social que subordina o sexo feminino.

Historicamente, a busca do homem pelo poder e pela manutenção do patrimônio afetou a mulher, que foi colocada como propriedade do homem, sendo que a heteronormatividade e a dominação masculina se impuseram na cultura através da criação de ideologias de supremacia masculina e alienação feminina, quer dizer, através de conjuntos de narrativas que ascendem os homens ao passo que subjugam o gênero feminino.

É fato que as atribuições sociais femininas e masculinas desenvolvidas ao longo da história divergem, construindo relações de poder do homem em relação à mulher.

Enquanto os homens detêm funções produtivas, cujas quais são remuneradas, as mulheres detêm funções reprodutivas, realizadas de forma gratuita, tais divisões de funções subsistem propositalmente para fragilizar a mulher objetivando evitar que elas ocupem postos de poder.

Verifica-se que ao longo dos séculos foi construída histórica, social e culturalmente a ideologia opressiva que coloca a mulher em condição de inferioridade, subordinação e submissão em relação ao homem, o que fatalmente naturaliza e legitima a discriminação e a violência contra o gênero feminino.

Nesse contexto se desenvolveu a presente sociedade, que é regida pelo patriarcado, quer dizer, regida pela concepção de que o poder é do homem. Esse sistema de domínio masculino privilegia o homem em detrimento da mulher.

Uma vez que o poder se encontra com o homem, a mulher tornou-se alvo de diversas formas de violência provocadas pelas desigualdades de poder nas relações afetivas, sociais, políticas e econômicas, entre os homens e elas, sendo certo que o mecanismo aplicado para alienar e silenciar as mulheres é a violência, razão pela qual é objeto do presente estudo.

Contemporaneamente vivenciamos um quadro tão preocupante de violência contra as mulheres na nossa sociedade, que a sua cadeia é extensa ao ponto que varia desde as mais veladas e superficiais até as fatais, representando flagrante violação aos direitos humanos das mulheres. Dessa forma, importa aclarar as formas de violência em desfavor do gênero feminino.

3. Formas de violência em desfavor do gênero feminino

As mulheres, historicamente, sofrem violência dos seus direitos, seja no próprio lar, nas ruas, nas organizações públicas e privadas, na mídia, entre outras esferas da sociedade.

A violência contra a mulher caracteriza-se por qualquer ação ou omissão de discriminação, agressão ou coerção, provocada puramente pelo fato de a vítima ser mulher, causando-lhe sofrimento físico, psicológico, moral, social, político, sexual, econômico ou prejuízo patrimonial.

Nessa esteira de pensamento, a Convenção Interamericana para Prevenir, Punir e Erradicar a Violência Contra a Mulher — "Convenção de Belém do Pará", conceitua como violência contra a mulher "qualquer ato ou conduta baseada no gênero, que cause morte, dano ou sofrimento físico, sexual ou psicológico à mulher, tanto na esfera pública como na privada".

Em estudo realizado a respeito das formas de violência contra a mulher, a Organização das Nações Unidas conceituou que "a violência contra a mulher é todo ato de violência praticado por motivos de gênero, dirigido contra uma mulher".

Quando falamos em violência contra o gênero feminino, por seu turno, trata-se de todas as formas de violência praticadas em desfavor da mulher, simplesmente por ser mulher.

Compreende-se gênero como uma construção cultural e social, que não se confunde com sexo, o que se limita a características biológicas da mulher, distinção esta sublimemente afamada pela frase "não se nasce mulher, torna-se mulher", de Simone de Beauvoir.

Em outras palavras, a violência contra o gênero feminino constitui-se de qualquer conduta comissiva ou omissiva, de discriminação, agressão ou coerção, perpetrada pelo simples fato de a vítima ser ou se reconhecer como mulher, consequência de um sistema social que subordina o sexo feminino.

A violência contra a mulher constitui violação aos direitos humanos, portanto, é um problema do Estado, que deve enfrentar essa forma de violência através de ações eficazes em busca de igualdade plena entre homens e mulheres.

Por conseguinte, a Constituição Federal do Brasil prevê em seu art. 5º, inciso I, que homens e mulheres são iguais em direitos e obrigações.

Inobstante a existência de igualdade formal entre homens e mulheres, caracterizada pela previsão legal instituída, têm-se que esse ideal não subsiste no nosso contexto social, logo, pode-se dizer que há igualdade formal no Brasil, contudo, a material ainda é deficitária, uma vez que socialmente os homens estão em posição de privilégio em relação às mulheres.

Para além da igualdade formal e material, as mulheres buscam a igualdade como reconhecimento, pois é necessário compreender que homens e mulheres são diferentes, de modo que é indispensável a criação de políticas públicas objetivando a equidade entre os dois gêneros.

A violência contra as mulheres, originária do contexto histórico-material machista-patriarcal, é reproduzida socialmente por meio de violência do Estado, através das relações de gênero e especialmente no ambiente doméstico, sem falar na divisão sexual do trabalho, uma vez que as mulheres são colocadas em condição de serviço em prol do homem.

A cadeia de violências contra as mulheres é desmedida, porém, serão abordadas as principais formas de violência já reconhecidas na nossa sociedade.

A violência doméstica, conforme orientação do Conselho Nacional de Justiça, é a que ocorre no ambiente doméstico, ou em uma relação de familiaridade, coabitação ou afetividade.

Já a violência familiar é a que ocorre nas relações familiares, entre seus membros, constituída por vínculos de parentesco natural(2) ou civil,(3) por afinidade(4) ou por afetividade.(5)

No Brasil, as formas de violência supracitadas foram regulamentadas pela Lei 11.340, de 7 de agosto de 2006, popularmente conhecida como Lei Maria da Penha, que prevê que "configura violência doméstica e familiar contra a mulher qualquer ação ou omissão baseada no gênero que lhe cause morte, lesão, sofrimento físico, sexual ou psicológico e dano moral ou patrimonial".

Considera-se violência física qualquer conduta que ofenda e integridade ou saúde corporal da mulher, podendo ocorrer desde formas superficiais como por meio de uma sacudida ou um aperto nos braços da vítima, até socos, queimaduras e torturas.

Apesar de ser a violência mais fácil de ser identificada, a violência física não é a única forma de causar sofrimento às mulheres. Muitas delas

---

(2) Parentesco consanguíneo, estabelecido por um antepassado, exemplos: pai, mãe e filho/filha.

(3) Parentesco estabelecido por uma relação social, exemplos: marido/esposa, padrasto/madrasta, sogro/sogra.

(4) Parentesco estabelecido pelo cônjuge/ companheiro/ companheira com os parentes dele ou dela, exemplo: primos/primas, tios/tias do marido ou da esposa.

(5) Parentesco estabelecido com base no afeto entre as pessoas, exemplo: amigo ou amiga que more na mesma casa.

sofrem outras formas de violência menos conhecidas, mas que as atingem com tanta ou mais frequência, especialmente a psicológica, perpetrada a partir de atos que provocam danos emocionais, diminuem a autoestima e prejudicam a saúde psicológica da mulher, objetivando controlar suas ações, comportamentos, crenças e decisões.

A violência psicológica é realizada por meio de ameaças, constrangimentos, humilhações, manipulações, isolamento da mulher, vigilância constante dela, perseguição contumaz, insultos, chantagens, explorações, limitações do direito de ir e vir, ridicularizações e retirada da liberdade de crença, distorcendo ou omitindo fatos a fim de deixá-la em dúvida sobre a sua memória e sanidade.

Outra forma de violência comumente sofrida pelas mulheres é a violência sexual, contudo, ela não se consuma apenas com o drástico cometimento de um estupro como habitualmente é associada. Além da relação sexual não consentida, essa forma de violência implica qualquer conduta que constranja a mulher a presenciar, a manter ou a participar de relação sexual não desejada, ou que seja induzida a comercializar ou utilizar de qualquer modo a sua sexualidade, o impedimento de utilização de qualquer método contraceptivo, forçar a mulher ao matrimônio, à gravidez, à prostituição ou ao aborto, tal como quando seu exercício de direitos sexuais e reprodutivos são limitados ou anulados.

A violência contra as mulheres também ocorre ardilosamente por meio de condutas que visam controlar o dinheiro/patrimônio da mulher, por meio da retenção, subtração, destruição total ou parcial de seus objetos pessoais ou dos quais ela goste, instrumentos de trabalho, documentos pessoais, bens, valores e direitos ou recursos econômicos, atos esses que configuram a violência patrimonial.

Subsiste ainda a violência moral, praticada por meio de calúnias, injúrias e difamações em face das mulheres, emitindo juízos morais sobre a sua conduta, realizando críticas mentirosas, expondo a vida íntima dela, proferindo ofensas que incidem sobre a sua índole e proferindo acusações sobre fatos que atentam contra a honra e a reputação da mulher, tal como, acusá-la de traição, mesmo sabendo ser uma inverdade.

As violências físicas, psicológicas, sexuais, patrimoniais e morais são todas consideradas formas de violência doméstica e familiar contra a mulher na legislação brasileira.

Contudo, observa-se que existem outras formas de violência motivadas pela desigualdade de gênero, produzidas em órgãos públicos e privados, dentre elas a violência institucional, que evidencia o despreparo das organizações para cuidar de questões relacionadas às mulheres e, via reflexa, a falta de tato que causa diversos momentos de revitimização e tentativas de descredibilizar as vítimas, sobretudo quando falamos de vítimas de formas de violência menos conhecidas.

Até mesmo as mulheres gestantes sofrem muita violência verbal, física e sexual pela adoção de procedimentos muitas vezes invasivos e desnecessários, que causam muito sofrimento a elas, configurando violência obstétrica.

No campo da política, as mulheres também sofrem muitas violências, mediante atos voltados ao impedimento de acesso e do exercício pleno de funções públicas, justamente para zelar pela manutenção do poder nas mãos dos homens.

Em que pesem as violências contra as mulheres serem majoritariamente perpetradas por homens, a autoria delas também pode ser feminina, isto é, essas violências podem ser praticadas por outras mulheres, ainda que inconscientemente, pois muitas não têm a noção de que tais atos ou falas constituem violência contra seu próprio gênero, por serem socialmente autorizadas, posto que já se encontram culturalmente enraizadas, tendo em vista a dominação masculina.

As formas de violência contra o gênero feminino são abusos de poder originárias da sociedade machista patriarcal em que vivemos, formando um nefasto ciclo de violência em desfavor as mulheres.

5. Considerações finais

O estudo sobre a estrutura histórico-material da violência contra a mulher explorou os elementos da história e da cultura que resultaram na formação da sociedade machista-patriarcal atual.

A busca do homem pelo poder e pela manutenção do patrimônio colocou a mulher como propriedade do homem, sendo que a heteronormatividade e a dominação masculina se impuseram na cultura por meio da criação de ideologias de supremacia masculina e alienação feminina.

Ao longo da história foram desenvolvidas atribuições sociais femininas e masculinas que construíram relações de poder do homem sobre a mulher.

Até os dias atuais, enquanto os homens detêm funções produtivas, as mulheres detêm funções reprodutivas, tais divisões de funções subsistem propositalmente para fragilizar as mulheres, objetivando evitar que elas ocupem postos de poder.

Em consequência desse sistema social que subordina o sexo feminino, subsistem a violências contra o gênero feminino, perpetradas por meio de condutas comissivas e/ou omissivas de discriminação, agressão ou coerção em desfavor das mulheres, pelo simples fato de a vítima ser mulher ou de se identificar como mulher. Daí surgiram as reconhecidas violências doméstica, familiar, física, psicológica, sexual, patrimonial, moral, institucional, obstétrica e política, contra as mulheres.

Todavia, é importante sublinhar que infelizmente muitas dessas formas de violência são socialmente autorizadas por já se encontrarem culturalmente enraizadas.

Apesar disso, não se pode perder de vista que qualquer violência contra a mulher constitui violação aos direitos humanos. Assim sendo, é um problema do Estado, que deve combatê-las por meio de ações eficazes em busca de igualdade plena entre homens e mulheres.

Portanto, conclui-se que o patriarcado é uma construção social histórica absurda, sendo contra essa ideologia que devemos nos posicionar, pois se trata de uma questão de saúde e interesse público e social, com o propósito de conquistarmos uma sociedade efetivamente igualitária.

Referências

BEAUVOIR, Simone de. *O Segundo Sexo.* v. I, II. Tradução Sérgio Milliet. Rio de Janeiro: Nova Fronteira, 1980.

BRASIL. *Constituição da República Federativa do Brasil de 1988*. Promulgada em 5 de outubro de 1988. *Diário Oficial da União*, Brasília, DF, 5 out. 1988. Disponível em: https://www.planalto.gov.br/ccivil_03/constituicao/constituicao.htm. Acesso em: 19 set. 2023.

______. *Convenção Interamericana para Prevenir, Punir e Erradicar a Violência Contra a Mulher* — "Convenção de Belém do Pará". Promulgada em 9 de junho de 1994. Disponível em: http://www.cidh.org/Basicos/Portugues/m.Belem.do.Para.htm. Acesso em: 19 set. 2023.

______. *Lei n. 11.340, de 7 de agosto 2006*. Promulgada em 7 de agosto de 2006. *Diário Oficial da União*, Brasília, DF, 7 ago. 2006. Disponível em: https://www.planalto.gov.br/ccivil_03/_ato2004-2006/2006/lei/l11340.htm. Acesso em: 22 set. 2023.

CNJ — Conselho Nacional de Justiça. *Formas de violência contra a mulher*. Disponível em: https://www.cnj.jus.br/programas-e-acoes/violencia-contra-a-mulher/formas-de-violencia-contra-a-mulher/. Acesso em: 23 set. 2023.

ONU — Organização das Nações Unidas. *The Secretary-General's in-depth study on all forms of violence against women*. Disponível em: https://www.un.org/womenwatch/daw/vaw/SGstudyvaw.htm. Acesso em: 22 set. 2023.

PONTE, Sarah Venancio. *Para compreender o ciclo de violência contra a mulher:* fenômeno proveniente de uma violência de gênero institucionalizada. Disponível em: https://conteudojuridico.com.br/consulta/Artigos/52654/para-compreender-o-ciclo-de-violencia-contra-a-mulher-fenomeno-proveniente-de-umaviolencia-de-genero-institucionalizada#:~:text=A%20partir%20da%20situa%C3%A7%C3%A3o%20de,mais%20percept%C3%ADvel%20em%20nosso%20cotidiano. Acesso em: 22 set. 2023.

SAFFIOTI, Heleieth. *Contribuições feministas para o estudo da violência de gênero*. Disponível em: https://www.scielo.br/j/cpa/a/gMVfxYcbKMSHnHNLrqwYhkL. Acesso em: 22 set. 2023.

SANTIAGO, Rosilene Almeida; COELHO, Maria Thereza Ávila *Dantas*. *A violência contra a mulher numa perspectiva histórica e cultural*. Disponível em: https://repositorio.ufba.br/bitstream/ri/5234/1/A%20VIOL%C3%8ANCIA%20CONTRA%20A%20MULHER%20NUMA%20PERSPECTIVA%20HIST%C3%93RICA%20E%20CULTURAL.pdf. Acesso em: 19 set. 2023.

A Mulher no Ambiente de Trabalho: Proteção Legal e Ações Efetivas para Combate às Desigualdades

Daniela Coimbra[1]

1. Introdução

O ambiente corporativo é, com raras exceções, segregador, machista e preconceituoso quando o assunto é igualdade entre homens e mulheres.

As mulheres, há muito tempo, estão no mercado de trabalho, no entanto, o acesso ao trabalho fora de casa não é suficiente para lhes garantir ampla liberdade, embora seja a autossuficiência econômica um ponto relevante para lhes conferir autonomia. Necessário proporcionar acesso ao trabalho digno, em igualdade de condições de acesso aos cargos, especialmente os de gestão e direção, bem como a ambientes de trabalho que favoreçam a autoestima e o autorrespeito.

Importante ressaltar que não basta garantir o acesso, sendo imperioso estabelecer mecanismos que proporcionem condições para manutenção da mulher no mercado, considerando todas as peculiaridades desses seres humanos que são mães, provedoras do lar e vítimas do machismo estrutural que permeia a nossa sociedade.

(1) Bacharel em Direito. Advogada trabalhista. Especialista em Direito do Trabalho pela Escola Paulista de Direito — EPD. Especialista em Direito Tributário pelo Instituto Brasileiro de Estudos Tributários — IBET. Especialista em Compliance LGPD e Prática Trabalhista do Instituto de Estudos Previdenciários — IEPREV, presidente da Comissão da Mulher Advogada da OAB Piracicaba — Gestão 2022/2024. Voluntária do Projeto Heroica — Mulheres por Inteiro. E-mail: daniela@coimbraadvogados.adv.br

Onde há desigualdade, há violência. A ausência de representatividade feminina em cargos de direção e em conselhos de administração de grandes empresas, bem como em cargos nos poderes legislativo, executivo e judiciário, é antidemocrática e deve ser combatida.

Segundo dados da Pesquisa Nacional por Amostra de Domicílios Contínua (PNAD Contínua) de **2021**, o número de mulheres, no Brasil, é superior ao de homens. A **população brasileira** é composta por **48,9% de homens** e **51,1% de mulheres.** No entanto, essa maioria não se replica quando se analisa a representatividade das mulheres no mercado de trabalho.

Criar mecanismos para que haja uma sociedade livre, igualitária, onde mulheres e homens tenham as mesmas condições de trabalho, pode ser um caminho para diminuir a violência que, institucionalmente, é praticada contra as mulheres, tornando, assim, a nossa sociedade mais justa e democrática.

2. Contexto da mulher no mercado de trabalho

Há alguns anos, as mulheres foram absorvidas pelo mercado de trabalho, passando a contribuir com a economia de forma relevante.

No entanto, essa ocupação não coloca as mulheres em pé de igualdade com os homens, pois a maioria delas ocupa cargos corporativos subalternos, realiza serviços domésticos, de cuidados, ou atua na economia informal. São raros os casos de mulheres que chegam ao topo nas organizações empresariais ou que obtêm sucesso em seus empreendimentos solo. Basta observar a lista dos executivos mais bem-sucedidos. Da relação das quinhentas maiores empresas do mundo, *Fortune Global 500*, publicada em maio de 2022, apenas quarenta e quatro mulheres eram CEOs. Dessas, somente duas são mulheres negras e uma transgênero.(2)

Na sociedade patriarcal e desigual, o trabalho é dividido em "trabalho de homem" e "trabalho de mulher", sendo sempre o primeiro mais valorizado que o segundo. As mulheres também estão mais suscetíveis ao esgotamento, por exercerem, na maioria das vezes, dupla jornada, na medida em que

(2) *Fortune Global 500. 68th edition the annual ranking of America's largest companies.* Disponível em: https://fortune.com/global500/2022/search/. Acesso em: 12 nov. 2022.

acumulam o trabalho do emprego com os afazeres domésticos e cuidados com os filhos.

Elas têm, também, maior probabilidade de serem vítima de violência e assédio no trabalho e no transporte coletivo a caminho do trabalho, de serem submetidas a situações de humilhação e constrangimento para conseguir manter o seu emprego (que garante o seu sustento e de sua família), ou mesmo para conseguir uma promoção justa e merecida.

O Relatório da 107ª Conferência da ONU consigna que:

> Reconhecer estas realidades, algo que sucede cada vez com maior frequência, em vez as negar, confronta-nos com uma pergunta fundamental: Por quê?
>
> Será porque os homens não querem renunciar à sua parcela de poder? Ou porque a aceitação geral do princípio da igualdade de gênero vem acompanhada de uma resignação fatalista de que se trata de uma aspiração a longo prazo e que a lentidão do progresso faz parte dos percalços normais que acompanham qualquer processo de mudança? Será simplesmente porque não sabemos como melhorar a situação? Ou porque o escasso impacto de uma multiplicidade de leis, políticas e instituições criadas em nome das mulheres e da igualdade de gênero acaba por gerar cansaço?
>
> Independentemente da resposta a esta pergunta, fica claro que o mundo do trabalho dos dias de hoje é injusto com as mulheres e não há razões para esperar que o futuro seja mais benévolo, a não ser que tomemos uma decisão consciente para pôr fim a esta hostilidade. (...)
>
> Para a OIT e seus mandantes, isto implica a necessidade de agir de modo mais eficaz e adequado, de acordo com o princípio de que no futuro do trabalho que queremos não há lugar para a violência e o assédio contra mulheres, nem contra ninguém, nem para o tratamento injusto ou a desigualdade de oportunidades por razão de gênero. Simplesmente não podemos permitir

> nem iremos tolerar. Se não conseguirmos tornar realidade a igualdade de gênero, o trabalho digno para todos não passará de uma mera ilusão. A igualdade é um elemento fundamental de justiça social. É uma verdadeira meta e um meio importante para combater as desigualdades crescentes em geral. A pertinência e a legitimidade da nossa Organização serão avaliadas em função da nossa determinação e capacidade de conceber meio inovadores, visando a concretização da igualdade de gênero num mundo do trabalho em mudança.(3)

Embora já tenham ocorrido importantes conquistas na luta em face da violência contra a mulher e na busca pela igualdade de direitos, é imprescindível que cada um demonstre sua indignação com situações de discriminação de gênero, fazendo a sua parte na conquista por um mundo igualitário.

É necessário possibilitar que mulheres ocupem cargos de liderança, impondo-se que seja adotado como único e exclusivo critério de escolha a meritocracia. Garantir um mesmo ponto de partida para homens e mulheres, não tendo o gênero como critério dominante ou, às vezes, único. Somente assim se garante que os melhores, os mais bem preparados se destaquem, não por serem homens ou mulheres, pretos ou brancos, héteros ou homossexuais, transexual ou cisgênero, mas sim por mérito e competência.

Possibilitar a participação das mulheres nas decisões sobre o futuro das organizações, consequentemente das formulações das políticas corporativas inclusivas, incluindo a sua missão, visão, valores e princípios institucionais, é de fundamental importância para a transformação da nossa sociedade, principalmente no âmbito laboral, facilitando, dessa forma, que os obstáculos que são impostos pelas questões de gênero sejam superados.

---

(3) *Iniciativa Mulheres no Trabalho:* o impulso para a igualdade. Relatório do Diretor-Geral. Conferência Internacional do Trabalho 107ª Sessão. 2018, Relatório I (B). Disponível em: https://www.ilo.org/wcmsp5/groups/public/---europe/---ro-geneva/---ilolisbon/documents/publication/wcms_715121.pdf. Acesso em: 3 dez. 2022.

Contudo, é importante pontuar que o movimento feminista não é um movimento contrário aos homens. Na definição de Bell Hooks:

> "(...) dito de maneira simples, o feminismo é um movimento para acabar com o sexismo, exploração sexista e opressão (...). Na verdade, essa definição deixa implícito que todos os pensamentos e todas as ações sexistas são problemas, independentemente de quem os perpetua ser mulher, homem, criança ou adulto. Também é ampla o suficiente para incluir a compreensão de sexismo institucionalizado e sistêmico."(4)

Necessário difundir a ideia de que a conquista de um ambiente de trabalho livre da desigualdade de gênero não implicará perda para os homens. Ao contrário, pesquisas reconhecidas revelam que as empresas com maior diversidade têm melhores resultados, melhor desempenho, a valorização de suas ações, menor índice de corrupção, além de serem mais bem vistas e até admiradas pela sociedade por essa postura de respeito e reconhecimento da importância da mulher no mundo corporativo.

3. Legislação protetiva e a não discriminação da mulher

Ao longo da história, a mulher foi colocada à margem da sociedade, pois não podia trabalhar, estudar, votar, sair de casa, gerir seu patrimônio, se divorciar. Tinha como missão de vida casar-se, ter filhos, cuidar do marido e do lar e, assim, garantir a continuidade do patriarcado e da concentração do patrimônio.

O movimento feminista trouxe grandes conquistas para as mulheres, tais como o direito de acesso ao estudo, direito ao voto, autonomia sobre o planejamento familiar e administração do lar, que antes eram prerrogativas masculinas.

Embora tenha havido muitas conquistas, ainda há muitos problemas e desafios a serem ultrapassados, pois as mulheres são alvos de discriminação no mercado de trabalho, recebem salários menores e são minoria nos cargos

---

(4) HOOKS, Bell. *O feminismo é para todo mundo:* políticas arrebatadoras. 18. ed. Rio de Janeiro: Rosa dos Tempos, 2022. p. 17. Tradução Bhuvi Libanio.

de liderança. Elas sofrem assédios moral e sexual, além de serem alvos frequentes de violência doméstica, política, patrimonial, moral e institucional.

O artigo "Conquistas do Feminismo no Brasil — Linha do Tempo", publicado no *site* www.nossacausa.com, aponta como marcos importantes na garantia dos direitos das mulheres ao longo da história os seguintes acontecimentos:

> 1827 – Meninas são liberadas para frequentar a escola; 1832 – Publicada a obra "Direitos das Mulheres e Injustiças dos Homens", da autora Nísia Floresta, considerada a pioneira do feminismo no Brasil; 1879 – Mulheres conquistam o direito ao acesso às faculdades; 1910 – O primeiro partido politico feminino é criado; 1932 – Mulheres conquistam o direito ao voto; 1962 – é criado o Estatuto da Mulher casada, conferindo à mulher autonomia de trabalhar sem precisar da autorização do marido, direito a herança e a pedir a guarda dos filhos nas hipóteses de separação; 1974 – Mulheres conquistam o direito de portarem um cartão de crédito com a promulgação da lei de Igualdade de Oportunidade de crédito; 1977 – Aprovada a lei do divórcio; 1979 – Mulheres garantem o direito à prática do futebol; 1985 – Criada a primeira Delegacia da Mulher; 1988 – A Constituição brasileira passa a reconhecer as mulheres como iguais aos homens; 2006 – É sancionada a Lei Maria da Penha, importante ferramenta de combate à violência doméstica; 2015 – é aprovada a Lei do Feminicídio; 2018 – A importunação sexual feminina passou a ser considerada crime; 2021 – É criada a lei para prevenir, reprimir e combater a violência política contra a mulher.[(5)]

Destacamos, ainda, algumas leis com impacto nas relações de trabalho, que foram instituídas na tentativa de frear a desigualdade, compondo um arcabouço legal de proteção à mulher.

---

(5) *A conquista do Feminismo no Brasil — Linha do tempo".* Disponível em: https://nossacausa.com/conquistas-do-feminismo-nobrasil/?gclid=EAIaIQobChMImoWpmKfg-wIVAeFcCh3A-1Qe9EAAYAyAAEgJJDfD_BwE. Acesso em: 10 out. 2022.

No âmbito internacional, além dos instrumentos gerais de proteção aos direitos humanos, tais como as Convenções e os Tratados da Organização das Nações Unidas e Sistema Interamericano de Direitos Humanos, existe todo um complexo de normas específicas que se destinam à proteção de gênero, são elas: Convenção sobre os Direitos Políticos da Mulher (1953), Convenção Internacional sobre a Eliminação de Todas as Formas de Discriminação contra a Mulher — CEDAW (1979) e seu Protocolo Facultativo (1999), Recomendação Geral n. 19 sobre violência contra as mulheres do Comitê CEDAW, Recomendação Geral n. 28 sobre as obrigações fundamentais dos Estados-partes decorrentes do art. 2º da Convenção sobre a Eliminação de Todas as Formas de Discriminação contra as Mulheres do Comitê CEDAW, Recomendação Geral n. 33 sobre o acesso das mulheres à Justiça, Recomendação Geral n. 35 sobre a violência de gênero contra as mulheres do Comitê CE, Convenção Interamericana para Prevenir, Punir e Erradicar a Violência contra as Mulheres – Convenção de Belém do Pará (1994), Conferência Internacional sobre a População e Desenvolvimento — Plataforma de Cairo (1994) (direitos sexuais e reprodutivos), Declaração e Plataforma de ação da IV Conferência Mundial sobre a Mulher — Pequim (1995), Regras das Nações Unidas para o tratamento de mulheres presas e medidas não privativas de liberdade para mulheres infratoras (Regras de Bangkok) — (2010).

No âmbito da Organização Internacional do Trabalho — OIT, destacamos as seguintes normas: Convenção n. 100 – Igualdade de remuneração de homens e mulheres trabalhadores por trabalho de igual valor; Convenção n. 103 – Amparo à maternidade; Convenção n. 111 – Discriminação em matéria de emprego e ocupação; Convenção n. 117 – Sobre objetivos e normas básicas da politica social; Convenção n. 189 – Trabalho decente para as trabalhadoras e os trabalhadores domésticos; Convenção n. 156 – Sobre igualdade de oportunidades e de tratamento para trabalhadores e trabalhadoras com responsabilidades familiares. Homens e mulheres trabalhadores: trabalhadores com encargos de família; Convenção n. 190 – Violências e assédios no mundo do trabalho.

No âmbito interno, a Constituição Federal de 1988 contém dispositivos de proteção à mulher como ser humano e nas relações de trabalho. Entre eles: o art. 1º que coloca a dignidade humana como fundamento da República Federativa, o art. 5º que garante a igualdade entre homens e mulheres, em direitos e obrigações, o art. 7º que confere o direito a licença à gestante de cento e vinte dias (XVIII); proteção do mercado de trabalho da mulher (XX); assistência gratuita aos filhos e dependentes (XXV), proibição de diferença de salários, de exercício de funções e de critério de admissão por motivo de sexo, idade, cor ou estado civil (XXX). O Ato das Disposições Transitórias prevê o direito de garantia de emprego às gestantes e adotante, conforme no art. 10, II, *"b"*.

A Consolidação das Leis do Trabalho — CLT dedica o Capítulo III à proteção do trabalho da mulher, estabelecendo nos arts. 372 a 377 disposições sobre a duração, condições do trabalho, e discriminação contra a mulher, no art. 382 dispõe sobre trabalho remuneração do trabalho noturno, nos arts. de 382 a 386 sobre períodos de descanso, nos arts. de 388 a 390 sobre métodos e locais de trabalho, nos arts. de 391 a 400 sobre proteção a maternidade, além de garantir isonomia salarial para mesma função sem distinção de sexo, nacionalidade ou idade no art. 461.

Mesmo com todo o arcabouço protecionista, conforme mencionado, o Brasil ocupa as últimas posições no *ranking* das desigualdades entre homens e mulheres no ambiente de trabalho. Pesquisas apontam que diferença salarial entre homens e mulheres mantém percentual elevado, mesmo quando os trabalhadores e trabalhadoras, de mesma ocupação, possuem perfil de escolaridade e idade equivalentes.

Conforme levantamento da consultoria IDados, publicado no *site* g1.globo.com,[6] realizado com base na Pesquisa Nacional por Amostra de Domicílio do IBGE (PNAD), as mulheres ganharam em média 20,50% menos do que os homens no 4o trimestre de 2021, contra 19,70% a menos no final de 2020.

---

(6) ALVARENGA, Darlan. Mulheres ganham em média 20,5% menos que homens no Brasil. *G1*. Disponível em: https://g1.globo.com/dia-das-mulheres/noticia/2022/03/08/mulheres-ganham-em-media-205percent-menos-que-homens-no-brasil.ghtml. Acesso em: 8 mar. 2022.

Parâmetros estabelecidos pelo Fórum Econômico Mundial 2022, no relatório "*The Global Ginger Gap Index*"[7], revelam que os dez melhores países em termos de igualdade de gênero têm como primeiros colocados os países nórdicos, que há muitos anos implantaram políticas de ações afirmativas para corrigir a deficiência de meritocracia na entrada das mulheres no mercado de trabalho, bem como manutenção da igualdade no decorrer da carreira. Os dez são: Islândia, Finlândia, Noruega, Nova Zelândia, Suécia, Ruanda, Nicarágua, Namíbia, Irlanda e Alemanha. O Brasil ocupa o 94º lugar nesse *ranking*, estando atrás de países como México (31º), Argentina (33º), Peru (37º), Panamá (40º), Equador (41º), Chile (47º), Bolívia (51º), El Salvador (59º), Uruguai (72º), Colômbia (75º) e Paraguai (80º).

Esses números revelam que práticas urgentes precisam ser implementadas para tirar o Brasil da lanterna dentre os países da América Latina, quando o assunto é desigualdade de gênero. Não basta a instituição de leis e políticas públicas, é necessário o envolvimento de toda a sociedade, especialmente das empresas. Conforme estabelece nossa Constituição Federal, no art. 170, a ordem econômica tem que ser fundamentada na valorização do trabalho humano, observado, entre outros, o princípio da função social da propriedade.

Como afirmam Mayra Cotta e Thais Farage, na Obra Mulher Roupa e Trabalho:

> No direito — definido por muitos pensadores como a elaboração laicizada dos valores cristãos durante a Modernidade —, todos somos iguais porque a lei assim o determina. Se você parar para pensar, a expectativa de que a igualdade perante a lei crie efetivamente uma igualdade entre todas as pessoas é tão mágica quanto a capacidade de transformar água em vinho.
>
> (...) Nós aceitamos a premissa formal de que somos todos iguais, mas sabemos que, na verdade, somos muito diferentes,

(7) *Relatório Global de Diferença de Gênero 2022*. Disponível em: https://www.weforum.org/reports/global-gender-gap-report-2022.

> acessamos privilégios profundamente assimétricos e somos socializados de maneira distinta a depender de nossa raça, do nosso gênero, da nossa classe social e do nosso corpo.[8]

Portanto, para que ocorram mudanças em nossa sociedade, importante que toda a proteção legal já positivada se transforme em ações que causem alterações concretas e aplicadas, fazendo a diferença e trazendo melhorias para a vida das mulheres brasileiras trabalhadoras. Para que isso ocorra é necessário que se difunda entre o poder público e as corporações, a consciência acerca da necessidade premente de implementação e utilização de ferramentas para trazer efetividade à normatização já existente.

4. Práticas para combater as desigualdades de gênero

O Conselho Nacional de Justiça, ao elaborar o *Protocolo para Julgamento com Perspectiva de Gênero 2021*, desenvolveu estudos detalhados sob as demandas que, na Justiça do Trabalho, exigem olhar sob perspectiva de gênero, fazendo a divisão em quatro segmentos: Desigualdades e Assimetrias (desigualdade de oportunidades no ingresso da carreira, desigualdades salariais), Discriminação (fase pré-contratual de seleção, fase contratual e extinção do contrato), Assédio e Violência (assédio moral e sexual no ambiente de trabalho), Segurança e Medicina do Trabalho (padrão de homem médio, segregação horizontal, segregação vertical, ergonomia, trabalhadores gestantes e lactantes).

Referido estudo traz importantes diretrizes, que devem ser observadas pelas empresas e pelo poder público, e utilizadas como parâmetros para a criação de políticas internas sob a perspectiva de gênero, proporcionando um ambiente corporativo respeitoso, igualitário, não discriminatório, não machista, não opressor em relação às mulheres e demais minorias.

Para a elaboração das políticas internas que favoreçam as mulheres, é importante ter em mente que as empresas devem lutar para eliminar certas forças invisíveis que fixam barreiras que impedem as mulheres de atingir o topo da carreira, ou as mantêm em profissões precárias, não valorizadas,

---

(8) COTTA, Mayra; FARAGE, Thaís. *Mulher, roupa, trabalho:* como se veste a desigualdade de gênero. São Paulo: Paralela, 2021.

com salários mais baixos, com poucas perspectivas de mobilidade, presas ao chão.

Vários são os fatores a serem sopesados para a elaboração das políticas internas. A divisão sexual do trabalho, que impõe como femininas as profissões relacionadas aos cuidados e trabalhos domésticos, e masculinas as profissões que exigem maior poder de decisão e força; o fato de o patriarcado impor como sendo de obrigação exclusiva das mulheres o trabalho doméstico e o cuidado com o filhos; o fato de ser a mulher que gesta, dá à luz e amamenta a prole; as diferenças biológicas e fisiológicas entre homens e mulheres.

Para combater as desigualdades e assimetrias no ingresso da carreira, as políticas internas devem prever processos seletivos justos e adequados, que vedem a escolha com base no gênero, raça, estatura, peso corporal, tipo de cabelo, opção sexual, formas de vestir, estado civil, estar em idade fértil. Deve-se neutralizar o preconceito de fundo sexual. O único critério a ser preenchido deve ser relativo a possuir ou não as habilidades e competências para executar as tarefas inerentes ao cargo para o qual se candidatou.

Deve ser garantida a não discriminação nas fase pré-contratual de seleção, fase contratual e extinção do contrato, mediante a instituição de políticas de inclusão, incentivo a convivência com as diferenças e respeito ao próximo. Imperioso que as empresas tenham, entre seus valores, a não discriminação.

As políticas internas devem vedar a exigência de exames de gravidez ou de esterilidade na contratação, ou ainda que as entrevistadas sejam indagadas acerca do planejamento familiar, para se evitar que se utilize dessa informação como fator de discriminação na contratação de mulheres em idade reprodutiva.

Em relação às desigualdades salariais, é imperioso que sejam conferidas as mulheres a valorização pelo trabalho efetivamente feito, pela produtividade e pela competência. O critério a ser mensurado deve ser o resultado entregue à corporação, observadas as peculiaridades e necessidade das mulheres. As empresas devem proibir a prática de pagamento de salários menores às mulheres que tenham a mesma qualificação e exerçam as mesmas funções que os homens apenas pelo fato de serem mulheres.

Conforme consignado no *Protocolo para Julgamento com Perspectiva de Gênero 2021* do CNJ:

> O ambiente de trabalho pode ser hostil em termos de gênero. A participação das mulheres em reuniões, por exemplo, é cerceada por interrupções de sua fala ("*manterrupting*"); por explicações desnecessárias como se elas não fossem capazes de compreender ("*mansplaining*"); por apropriações de suas ideias que, ignoradas quando elas verbalizam, são reproduzidas por homens, que passam a receber o crédito ("*bropriating*"). A moral, o comportamento e a imagem das mulheres são colocados em julgamento pelos colegas de trabalho ("*slut shaming*"). E, para desqualificar a sanidade mental da mulher, o/a agressor/a manipula os fatos e coloca em dúvida suas queixas ("*gaslighting*"). Todas estas formas de microagressões, violências ou assédios possuem um claro viés de gênero e isoladamente podem constituir meros melindres. Todavia, as microagressões, combinadas entre si ou associadas a outras condutas ("cantadas", toques inapropriados, convites insistentes, maior rigor na cobrança de metas, piadas sexistas, esvaziamento da função, desconsideração da opinião, isolamento etc.) criam um ambiente de trabalho hostil e intimidativo em termos de gênero. Nesse caso, a depender da prevalência ou não do caráter sexista da violação, pode configurar-se assédio sexual ambiental ou assédio moral.[9]

Todas essas formas de violência (*manterrupting*, *mansplaining*, *bropriating*, *slut shaming*, *gaslighting*, cantadas, toques inapropriados, convites insistentes, maior rigor na cobrança de metas, piadas sexistas, esvaziamento da função, desconsideração da opinião, isolamento) devem ser condenadas pelas empresas que desejam estar em conformidade com as boas práticas relacionadas a questões de gênero.

Assédio e violência devem ser eliminados da cultura empresarial, estimulando a denúncia dos assediadores, o correto tratamento da denúncia, com punição dos assediadores e não exposição das vítimas. Oferecer treinamentos acerca dos temas também pode ser uma importante ferramenta para conscientização, tanto do agressor, para que se abstenha de referidas

(9) *Protocolo para Julgamento com Perspectiva de Gênero 2021*. Conselho Nacional de Justiça. Grupo de Estudos Instituído pela Portaria CNJ n. 27. de 2 de fevereiro de 2021. Disponível em: https://www.cnj.jus.br/wp-content/uploads/2021/10/protocolo-18-10-2021-final.pdf. p. 114.

práticas, como das agredidas para que tomem consciência da sua situação de vítima.

As medidas de preservação de saúde e Segurança e Medicina do Trabalho devem dar atenção especial às condições biológicas e físicas das mulheres, proporcionando um meio ambiente adequado e equilibrado, adaptado às condições psicofisiológicas das mulheres, com especial atenção a trabalhadoras gestantes e lactantes. Deve-se ter atenção especial às gestantes expostas a agentes insalubres, mesmo nas situações que não são vedadas pela legislação, uma vez que a neutralização dos agentes agressores em relação à mulher pode não ter o mesmo efeito sobre o feto, como ocorre, por exemplo, com a exposição ao ruído.

Iniciativas como priorizar o trabalho em *home office*, o teletrabalho ou permitir jornadas de trabalho com horário flexível para mães que tenham necessidade de amamentar, levar filhos à escola, consultas médicas de rotina e de emergência, e demais atividade podem aliviar a pesada carga que se impõe sobre os ombros dessas mulheres, possibilitando maior bem-estar, melhor qualidade de vida, o que certamente terá reflexos positivos na produtividade dessas mulheres.

Incentivar a qualificação profissional custeando cursos e possibilitando a redução de jornada enquanto perdurarem os estudos, também pode ser uma política adotada pelas empresas, oportunizando maior facilidade de acessos a cargos mais altos e bem remunerados.

Proporcionar o acolhimento e apoio às vítimas de violência doméstica, disponibilizando pessoal qualificado para realizar escuta ativa e orientação para possibilitar o rompimento de relacionamentos abusivos e a preservação de sua vida e segurança também deve ser prioridade no ambiente corporativo.

Embora haja, na Lei Maria da Penha, um dispositivo que garanta a manutenção do emprego de mulheres vítimas de violência doméstica que tenham medida protetiva contra o agressor concedida pela justiça, o que ocorre, na prática, é que, muitas vezes, as empresas promovem a demissão sem justa causa das vítimas, aumentando ainda mais a fragilidade das referidas mulheres.

Essas e inúmeras outras práticas podem e devem ser adotadas pelas empresas efetivamente comprometidas com a sua função social, fazendo da nossa sociedade um local mais seguro, acolhedor e justo com as mulheres. Basta que os gestores voltem os olhos para a realidade da perspectiva de gênero nas relações de trabalho.

5. Considerações finais

Toda a sociedade, especialmente as mulheres, não pode se conformar apenas com a existência de leis que imponham a igualdade formal entre homens e mulheres. Deve-se exigir a materialização efetiva dessa igualdade em nossa sociedade, à medida que o reconhecimento legal de um direito, como a igualdade positivada na nossa Constituição Federal, art. 5º, é apenas o início para as transformações sociais necessárias.

Embora muitas conquistas já tenham ocorrido, a posição ocupada pelo Brasil no contexto mundial em relação à desigualdade de gênero (94º lugar) demostra o quanto a nossa sociedade ainda precisa evoluir, para que, de fato, mudanças impactem a vida das mulheres que estão no mercado de trabalho.

As empresas podem colaborar com uma sociedade mais justa e igualitária começando por mudanças internas, de adoção de uma cultura organizacional que valorize, acolha, respeite as diferenças, promova a igualdade e abomine qualquer forma de discriminação e violência contra a mulher.

Portanto, a adequação se faz necessária, inclusive, tendo em vista que a Justiça vem assinalando a preocupação "em julgar os processos com as lentes da perspectiva de gênero, avançando na efetivação da igualdade e nas políticas de equidade", conforme consignado na introdução do *Protocolo para Julgamento com Perspectiva de Gênero 2021.*[(10)]

Referências

A conquista do Feminismo no Brasil — Linha do tempo. Disponível em: https://nossacausa.com/conquistas-do-feminismonobrasil/?gclid=EAIaIQobChMImo

(10) *Protocolo para Julgamento com Perspectiva de Gênero 2021*. Conselho Nacional de Justiça. Grupo de Estudos Instituído pela Portaria CNJ n. 27. de 2 de fevereiro de 2021. Disponível em: https://www.cnj.jus.br/wp-content/uploads/2021/10/protocolo-18-10-2021-final.pdf. p. 14.

WpmKfg-wIVAeFcCh3A1Qe9EAAYAyAAEgJJDfD_BwE. Acesso em: 10 out. 2022.

ALVARENGA, Darlan. "Mulheres ganham em média 20,5% menos que homens no Brasil". *G1.* Disponível em: https://g1.globo.com/dia-das-mulheres/noticia/2022/03/08/mulheres-ganham-em-media-205percent-menos-que-homens-no-brasil.ghtml. Acesso em: 8 mar. 2022.

CNJ — Conselho Nacioinal de Justiça. *Protocolo para Julgamento com Perspectiva de Gênero 2021.* Grupo de Estudos Instituído pela Portaria CNJ n. 27. de 2 de fevereiro de 2021. Disponível em: https://www.cnj.jus.br/wp-content/uploads/2021/10/protocolo-18-10-2021-final.pdf. Acesso em: 14 nov. 2022.

COTTA, Mayra; FARAGE, Thaís. *Mulher, roupa, trabalho:* como se veste a desigualdade de gênero. São Paulo: Paralela, 2021.

FRACARO, Glaucia. *Os direitos das mulheres:* feminismo e trabalho no Brasil (1917-1937). Rio de Janeiro: FGV Editora, 2018.

HOOKS, Bell. *O feminismo é para todo mundo:* políticas arrebatadoras. 18. ed. Rio de Janeiro: Rosa dos Tempos, 2022. Tradução Bhuvi Libanio.

Fortune 500. 68th edition the annual ranking of America's largest companies. Disponível em: https://fortune.com/global500/2022/search/. Acesso em: 12 nov. 2022.

Iniciativa Mulheres no Trabalho: o impulso para a igualdade. Relatório do Diretor-Geral. Conferência Internacional do Trabalho 107a Sessão. 2018, Relatório I (B). Disponível em: https://www.ilo.org/wcmsp5/groups/public/---europe/---ro-geneva/---ilo-lisbon/documents/publication/wcms_715121.pdf. Acesso em: 3 dez. 2022.

PERROT, Michelle; BRESCIANI, Maria Stella Martins. *Os excluídos da história:* operários, mulheres e prisioneiros. 11. ed. Rio de Janeiro: Paz e Terra, 2021. Tradução de Denise Bottmann.

"Relatório Global de Diferença de Gênero 2022", *World Economic Forum*, jul. 2022. Disponível em: https://www3.weforum.org/docs/WEF_GGGR_2022.pdf. Acesso em: 28 nov. 2022.

Reflexões Sobre Patriarcado e Subjetividade dos Gêneros

Karina Pereira Sabedot[1]

Introdução

O humano é um ser grupal, e por meio dos grupos de pertencimento torna-se pessoa.[2] A subjetividade humana se constitui por meio do enlace de vidas, da convivência e da transmissão de parâmetros, regras e normas preexistentes. Os parâmetros de vida em sociedade são apresentados pelas instituições,[3] sendo a primeira delas a família.

O nascimento de um ser humano[4] reveste de expectativas e desejos os núcleos familiares. As fantasias a respeito do novo membro evocam no imaginário dos pais a construção, ainda que abstrata, daquele que se espera chegar ao mundo. A preexistência de vida remete ao fato de que a criança chegará a um lugar constituído, ao qual deverá se ajustar. O investimento dos

---

(1) Psicóloga, especialista em Segurança Pública pela Universidade Federal do Rio Grande do Sul — UFRGS; mestre em Ciências Humanas e Sociais Aplicadas - Universidade de Campinas — UNICAMP. Psicóloga na Defensoria Pública do Estado de São Paulo; psicóloga clínica, de orientação psicanalítica e viés sócio-histórico.

(2) Tornar-se pessoa remete à ideia de um processo de continuidade, complexidade e profundidade em busca de si mesmo, um olhar para a integralidade do sujeito e seu projeto de vir a ser pessoa.

(3) O Dicionário de psicología y psicoanálisis (ENGLISH; ENGLISH, 1977) define a instituição como uma organização permanente de algum aspecto da vida coletiva, regulada por normas, costumes, ritos ou leis. Segundo os autores, o termo tem análise abstrata, quando fala da instituição família, ou especifica como uma igreja. Para Bleger (1988/1991), a instituição refere-se ao conjunto das normas, regras e atividades agrupadas em torno dos valores e funções sociais.

(4) A transmissão psíquica é a possibilidade simbólica de os pais atribuírem um lugar para a criança, mesmo antes do nascimento, além do fato que o nascimento pode modificar os fantasmas dos pais sobre a parentalidade.

cuidados parentais(5) tem um papel determinante na construção da subjetividade da criança, incluindo os marcadores de representação de gênero em face da cultura em que se insere o sistema familiar.

No imaginário parental a revelação do sexo biológico estabelecerá o lugar que ocupará o recém-nascido na estrutura social, considerando a correlação direita entre sexo anatômico e o papel de gênero a ser desempenhado.

As sociedades em geral apresentam a clara correlação pênis-masculino e vagina-feminino, havendo rituais que reforçam esses papéis, como os "chás de revelação". Segundo os estudos de Judith Butller, em sua *teoria Queer*,(6) a constituição das "coisas de mulher" e "coisas de homem" são roteiros entregues aos recém-nascidos, os quais nada mais são do que *performance de gênero.*

Os indivíduos se constituem como mulheres e homens a partir de parâmetros sociais postos para ambos os gêneros. O nascimento de um novo membro em uma família desacomoda as relações vigentes antes de sua chegada. A partir da consciência da concepção de um filho as famílias iniciam um intenso processo de construção da identidade do membro que está por chegar. Tal movimento reverbera no microgrupo social (família) e no macrogrupo (sociedade como um todo). Todo aquele que chega à vida o faz na presença daqueles que aqui estavam.

A família é uma instituição, e como tal apresenta funções sociais fundamentais ao desenvolvimento da sociedade. A família é a primeira instituição que apresenta ao novo membro as regras de vida em sociedade. Sua função principal é a manutenção da espécie e a perpetuação das regras e parâmetros de vida em sociedade, incluindo o repertório de condutas inerentes a homens e mulheres. O nascimento de um indivíduo com pênis subentende

---

(5) Segundo a psicanalista Vera Iaconelli, o ser humano, diferentemente dos outros mamíferos, precisa do amor para se desenvolver, não é uma questão romântica, fantasiada e idealizada, é uma necessidade humana. Tal necessidade seria amparada pelas figuras parentais, as quais tratariam de assegurar o desenvolvimento do humano, pela via dos cuidados concretos e afetivos.

(6) A *teoria queer* (do inglês: *queer theory*) é uma teoria sobre o gênero que afirma que a orientação sexual e a identidade sexual ou de gênero dos indivíduos são o resultado de um constructo social e que, portanto, não existem papéis sexuais essencial ou biologicamente inscritos na natureza humana, antes formas socialmente variáveis de desempenhar um ou vários papéis sexuais.

o nascimento de um homem, da mesma forma, a vagina é entendida como fato anatômico que demarca o nascimento de uma mulher.

No entanto, não se pode confundir a constituição anatômica com o desempenho do gênero. A constituição de gênero se dá a partir da interface da pessoa com aquilo que lhe é apresentado como pertencente ao gênero que "representa" seu sexo anatômico.

Estudos pós-modernos[(7)] apontam para a desconstrução da relação interdependente entre anatomia e papel de gênero, entendendo que esse é tarefa da percepção do humano sobre seu "ser no mundo".[(8)] Tal ideia permite analisar a constituição da identidade de mulheres, tomando por base os parâmetros históricos estabelecidos pelo patriarcado.

O patriarcado é um sistema totalitário que traz a ideia de que homens são o centro da sociedade, sendo parâmetro para privilégios e acessos. As instituições, incluindo a família, têm como uma de suas funções a perpetuação do lugar de submissão feminina. Por sua vez, o machismo oferece os meios para tanto, por meio da metodologia de controle e do discurso de ódio (discurso misógino).

Tomemos como exemplo a lógica da permissividade oferecida aos meninos e do controle disfarçado de cuidado, no caso das meninas. No imaginário das instituições frases como "solto meu bode e prendo minha cabrita", "menina deve sentar-se de pernas fechadas", "meninas são mais calmas e meninos mais levados" dão conta das primeiras lições em face das regras sociais: homens têm liberdade de ser o que desejarem, mulheres têm a obrigação de ser mansas e domináveis.

A cada nova fase do desenvolvimento humano tais ideias vão sendo reeditadas no centro das instituições, e a socialização primária vai dando espaço

---

(7) BUTLER, Judith. *Corpos que Importam.*

(8) Ser-no-mundo do homem é uma ocorrência concreta, acontecendo e realizando em suas múltiplas formas peculiares do comportamento humano e em suas diferentes maneiras em se relacionar com as coisas e com as pessoas. Ser-no-mundo é uma estrutura total e originária, podendo ser visualizada e descrita em seus vários momentos constitutivos. Ser-no-mundo é ir muito além de ser (humano) e estar (no mundo), mas sim se encontrar aberto às possibilidades que lhe são oferecidas e superar os limites, se tornando à medida que é lançado ao mundo a cada momento, a cada experiência cotidiana.

às instituições de socialização secundária. À escola cabe a responsabilidade de dar andamento ao processo de perpetuação das regras e parâmetros de vida em sociedade, momento no qual as crianças demonstram choques entre a cultura familiar e escolar.

Cada família exercerá a perpetuação de regras de modo peculiar, como uma assinatura do grupo. Algumas apresentarão limites mais rígidos entre os papéis a serem desempenhados por seus membros a partir do gênero manifesto, outras permitirão a construção de modelos mais libertários.

No ambiente escolar, tais conjuntos de regras apreendidas irão colidir, não só com as propostas educacionais, mas também entre as próprias crianças. A divisão do brincar entre brincadeiras de meninos e meninas está para a infância como um exercício do lugar social de cada gênero: meninas brincam de bonecas e "casinha", na intenção de que apreendam o lugar do doméstico, do privado, daquela que espera o que vem de fora, do mundo. Em contrapartida meninos são encorajados às atividades que envolvam disputa, independência, coragem e dominância.

O sexismo se manifesta pelo repertório de condutas e ideias que naturalizam como masculinos e femininos modos de existir em sociedade, estabelecendo os signos sociais pertinentes a cada gênero. A questão central para o sexismo é que estejam bem claras as fronteiras entre homem e mulher, na intenção da manutenção da estrutura patriarcal. A própria relação com o corpo tem como ilustração o encorajamento de homens a desejarem os corpos femininos, ainda que contra a vontade dessas; numa proporção idêntica, mulheres são tolhidas na manifestação de seus desejos sobre o próprio corpo. O estupro da mulher "provocativa" é naturalizado, por exemplo, responsabilizando a mulher pela violência sofrida, já que ousou transpor o limite da "bela recatada e do lar".

Desde muito cedo elas sabem que seu corpo é submetido à métrica do desejo masculino, marcando-o pelo critério da sexualização. Objetificadas como "seres à disposição de", crescem tendo sua sexualidade reprimida, enquanto a liberdade é o parâmetro apresentado aos meninos. Elas sabem que a sexualidade dos meninos como "sujeitos" está sendo incentivada, enquanto elas estão sendo marcadas como "objetos". A instituição escola, neste caso, trata de reforçar os primeiros limites já firmados na família: o lugar de presa.

O patriarcado[9] e seu alcance

O patriarcado é um sistema totalitário, pois sua influência recai sobre todos e dele ninguém escapa.

As relações entre os indivíduos em sociedade se ancoram[10] nas regras de um sistema de dominação, antes de tudo sobre as mulheres. Diretamente atravessadas pelas regras que regem a sociedade patriarcal, as mulheres se tornam aquilo que o patriarcado determina. Os homens também são atingidos, considerando que a rigidez que estabelece parâmetros para as mulheres também o faz em face dos homens.

Patriarcado[11] é um termo que durante muito tempo permaneceu com sua definição obscurecida, acessível apenas a estudiosas feministas na academia. Contemporaneamente, seu significado tem sido discutido e estudado de forma mais ampla, e o incômodo advindo do termo sobrepôs os meios acadêmicos. A clareza sobre o conceito de patriarcado é de fundamental importância para que possamos entender sua influência na estruturação das identidades femininas.

Sistema generalizante, totalitário e que não permite espaço para mais nada e nenhuma outra forma de produção simbólica (produz subjetividades marcadas por seus símbolos), sendo autoritarismo vivido no cotidiano, nas instituições e, ao mesmo tempo, absoluto e total; todas as tentativas de sair dele serão verdadeiros "murros em ponta de faca". As fissuras no sistema patriarcal, estas sim, se fazem possíveis, e o feminismo se mostra como principal mecanismo.

---

(9) Marcia Tiburi (2018) define patriarcado como um sistema social em que homens mantêm o poder primário e predominam em funções de liderança política, autoridade moral, privilégio social e controle das propriedades. Concentra a ideia de superioridade masculina em face do universo feminino.

(10) Segundo Jesse de Souza, ancoragem diz respeito ao desejo, aquilo que mobiliza no individuo, a vontade. Neste sentido o desejo estaria diretamente ligado ao sentido das coisas para o sujeito. Não se deseja o que não tem sentido para aquele que deseja.

(11) Na sociedade patriarcal, prevalecem as relações de poder e domínio dos homens sobre as mulheres e todos os demais sujeitos que não se encaixam no padrão considerado normativo de raça, gênero e orientação sexual. Por essa perspectiva, se o mundo fosse avaliado como uma escada de privilégios, o homem branco cisgênero e heterossexual seria o que mais acumula benefícios e que estaria no topo dos degraus. Logo, todos aqueles que não possuírem alguma(s) dessas características, em relação ao gênero, raça ou orientação sexual, estariam abaixo nessa escada.

O patriarcado é produzido pelos homens, na lógica da opressão como metodologia de fortalecimento. Para isso, conta com o machismo como principal ferramenta política de promoção da opressão. Assim, é a ideologia do patriarcado que manipula e controla a opressão, sendo uma posição que sustenta o sistema como um todo.

O patriarcado controla as vidas femininas, seus corpos e suas subjetividades. O corpo feminino é uma propriedade do patriarcado, sendo sobre ele ditadas regras de controle e manipulação. Dentro dessa lógica, o controle opressor do patriarcado determina a conduta adequada de uma mulher: roupas discretas, modos delicados, parâmetro estético dedicado em agradar o desejo masculino.

O patriarcado produz capitalismo, produz os corpos para sustentar o capitalismo. Esses corpos sustentam também o patriarcado, e sendo assim não existe capitalismo sem patriarcado, sendo (o patriarcado) anterior a ele; ele cria as tecnologias que posicionam os corpos para a sustentação desse sistema. É uma gestão de corpos e dentre eles, principalmente os femininos, na lógica que patriarcado e machismo andam juntos.

Importante reforçar que o patriarcado existe mesmo sem machismo, sendo que esse é uma ideologia da verdade da vida do cotidiano, das instituições. O machismo e o patriarcado são baseados na violência, mas o patriarcado é mais complexo, pois se vale do machismo e da misoginia(12) como ferramenta e discurso para sua manutenção. Daí decorre a ideia de que não existe patriarcado sem violência.

O ódio às mulheres, a misoginia, se confunde com o machismo, mas consiste no discurso estruturado que sustenta o patriarcado e o machismo. Toda ideologia depende de uma linguagem que dê conta de sustentar a ideologia, e no patriarcado, tal linguagem se reveste de ódio através da misoginia, criando-se a crença central de que mulheres são inferiores. Tal ideologia é tomada como uma verdade; não existe machismo e patriarcado

(12) A misoginia é discurso de ódio originário e constitutivo da cultura patriarcal. De um ponto de vista histórico, ela acompanha e, em certas culturas, antecede o racismo, a homofobia e a transfobia, discursos de ódio já criminalizados no Brasil.

sem misoginia, pois é seu discurso estruturante. A misoginia pode ser sutil e não agressiva, podendo ocultar o fato de que é uma ideologia naturalizada. O machismo é a face que se deixa ver quando aparece, sendo naturalizada e tomada como realidade absoluta.

O ódio patriarcal pode se manifestar de forma direta, com agressões e violências tais como estupro, feminicídio, assédio moral, violência obstétrica e outros modos de manifestação.

No entanto, também possui uma face perversa e dissimulada, muitas vezes disfarçada de boas intenções. A necessidade de "proteger" a mulher de suas "fragilidades", muitas vezes entendidas como inerentes ao gênero feminino, mascara a face da inferioridade pela delicadeza. Nesse sentido, mulheres seriam seres frágeis a serem protegidos pelos homens, entendendo tal proteção como forma de amor sublime.

O discurso misógino se utiliza da lógica do amor, manifestado pela suposta proteção, na intenção de manutenção do lugar de debilidade e incapacidade decorrentes da ideia de fragilidade; assim, nada se mostra como mais sublime do que a postura masculina do salvador. Mulheres crescem com suas crenças enraizadas na espera do príncipe encantado, do marido provedor, da presença do homem como seu protetor. Delicadeza é a manifestação disfarçada da inferiorização pela via da debilidade. Note-se que o que está em questão não é a capacidade de indivíduos adultos se ampararem em suas vulnerabilidades, mas, antes de tudo, na demarcação de uma inabilidade feminina que torna mulheres inaptas para as "coisas de homem".

As manifestações da inabilidade feminina pela fragilidade reverberam em circunstâncias muito diversas, as quais se fundam na ideia de ódio às mulheres. Analisando a rejeição do potencial de trabalho das mulheres, encontramos um cenário de salários inferiores aos masculinos, quando acessam cargos de mesmas atribuições, sendo preteridas em face dos homens pelo fato de engravidarem — como se o projeto da manutenção da espécie pela via da prole fosse uma tarefa exclusivamente feminina.

Instituições de socialização secundária e a perpetuação dos papéis de gênero

Tornamo-nos pessoa por meio de três bases de apoio da constituição de si (biológico, social e psicológico). No polo social encontram-se as instituições responsáveis pela perpetuação das regras do patriarcado, quais sejam o lugar de desfrute, por parte dos homens, dos benefícios inerentes à posição de privilégio e poder social. Tais privilégios são reforçados não somente em relação às mulheres, mas, de modos diferentes, a todos aqueles que não são homens/heterossexuais e brancos. Insere-se aqui mais uma questão: as diferentes castas de masculinidade.

O que se estabelece são amplas ofertas de oportunidades e benefícios ao universo masculino, em detrimento da negativa de direitos aos demais, aos quais também são estendidas obrigações. O lugar do homem negro pode ser entendido como um lugar "flutuante", ora beneficiando-se do fato de ser homem, ora sendo marginalizado e animalizado pela condição de não branco.[(13)] De forma análoga, sobre os homens gays,[(14)] transexuais e bissexuais, recai a lógica de masculinidade inferior, considerando que sobre sua vida está presente a ideia da inferioridade atribuída às mulheres.

Sobre as instituições que seguem imprimindo suas marcas na identidade de homens e mulheres, encontramos as igrejas como potentes focos propagadores da lógica da dominação patriarcal. A ideia de que o que "Deus uniu o homem não separa" reforça a compulsoriedade do modelo patriarcal de família. Por vezes, os dogmas religiosos são reforçados, na intenção de controle do rebanho, confirmando um lugar de invisibilidade e submissão da mulher. No âmago das igrejas e cultos diversos, o que se vê são mensagens que atribuem valor moral à mulher que serve a seu homem. O "servir" pode estar

---

(13) Sobre o corpo de homens não brancos pairaria a dupla relação sobre o macho e a bestialização do corpo não branco. Nesse sentido, seria o corpo do homem não branco bestializado, comparado a um animal de tração e/ou objeto de desejo sexual. Esse consistiria em objetificacão do corpo a serviço do patriarcado. "Cartografias da Masculinidade", *Cult*.

(14) Na atual crise da masculinidade, homens gays teriam maior aceitação social na medida em que não performem em seu corpo características femininas. Assim, a aceitação passaria pela manutenção da imagem do "homem macho", ainda que às escondidas o desejo se manifeste por outro homem. O gay aceito, então, seria o que mantém em sua imagem os parâmetros do macho. "Cartografias da Masculinidade", *Cult*.

até mesmo relacionado à obrigação de relações sexuais forçadas, por ser esse o papel inerente à esposa.

Algumas religiões exercem tamanho controle entre os gêneros, que ambos ficam separados durante a cerimonia religiosa, muitas vezes com o rosto da mulher coberto. Também as funções desempenhadas na manutenção de tais religiões ilustram o lugar de servidão e inferioridade feminina, sendo que os cargos de maior visibilidade não lhes são acessíveis.

A mídia também desempenha importante papel na manutenção e propagação do patriarcado, reproduzindo em nível ampliado as mensagens de inferioridade e objetificacão feminina. Propagandas que expõem o corpo da mulher comparando-a a objetos de consumo são manifestações da ideia central da mulher como um "produto" a ser consumido, tal qual "aquela" marca de cerveja.

Um outro mundo é possível?

O tempo no mundo é de retrocessos políticos, humanos e econômicos. Em meio à crise global do capitalismo, as sociedades mundiais se debatem com a destruição ambiental e com os abalos da democracia representativa. A reivindicação das mulheres sobre os direitos a seu corpo repercute nas instituições e nas bases de organização social. O patriarcado se mostra como sempre existiu, porém com novos contornos, estes incrementados pelos usos das novas tecnologias na manutenção do controle do corpo, sobretudo o feminino.

Antes de reivindicações políticas, as mulheres na contemporaneidade clamam por seus espaços sociais, identitários e subjetivos, em contexto não violento, simbólica e concretamente. Cansadas da lógica histórica a que o patriarcado as submeteu, a mais profunda ordem de mudança tem se dado nas instituições familiares. Esse movimento lança homens e mulheres (e todos pertencentes às identidades de gênero possíveis neste tempo) em novos parâmetros de convivência não antes pensados.

Tais parâmetros são responsáveis pela intensificação de movimentos ultraconservadores, os quais lutam de forma feroz contra a reestruturação da sociedade atual. Se a dominação e a objetificacão são a tônica do patriarcado, emergem movimentos como os estudos decoloniais feministas, consistindo na base da chamada "quarta onda feminista".

O feminismo interseccional trata de reivindicar as especificidades do "ser feminino", potencializando os lugares de fala naquilo que representam as configurações identitárias. Sendo assim, a decolonialidade diz respeito à derrubada do feminismo eurocentrado e exclusivamente branco, sendo visto como modo de opressão das identidades femininas diversas ao eurocentrismo. A branquitude patriarcal é denunciada e a decolonialidade emerge como poder e saber entre as mulheres pretas latino-americanas.

Colonialidade é poder, e refletir sobre o poder dominante mostra-se como pensamento imprescindível para a construção de novos apoios, no sentido de um feminismo diverso, considerando as mulheres e sua pluralidade de vidas e subjetividades. O feminismo negro, o transfeminismo, o ecofeminismo e outras intersecções são lugares de reflexão necessária para que as mulheres possam promover enfrentamento em face de um mundo desigual e em crise.

O Brasil é o país com maior população negra da Américas. Considerando as vivências subjetivas do lugar de fala de mulheres afro-latino-americanas, todo feminismo que busque condições libertárias às mulheres deve atentar-se para a luta conjunta de todas. Uma das grandes críticas ao feminismo é sua incapacidade de abarcar as subjetividades afro-latino-americanas, sendo um ponto de necessário desenvolvimento do movimento feminista.

Ao pensar uma sociedade mais justa entre homens e mulheres, não se deve permitir que entre o universo delas haja o abandono de algumas. A possibilidade de um novo mundo passa necessariamente pela própria reflexão do feminismo e sua capacidade de abarcar a todas. Os movimentos organizados enfraquecem quando se compartimentam, devendo imperar a ideia do "mexeu com uma, mexeu com todas".

Por fim, repensar as instituições e o modo como se transmitem as expectativas entre homens e mulheres é tarefa urgente, devendo ser desenvolvida no âmbito das famílias, escolas e doutrinas religiosas. A educação feminista é o "calcanhar de Aquiles" do patriarcado, devendo ser amplamente desenvolvida nos territórios, sendo acessível a todas.

O patriarcado é estrutura de difícil destruição, sendo entendido como impossível seu desmonte. No entanto, fissuras são possíveis, modos de reinventar as relações entre os gêneros, devendo ser promovidas por meio da educação para a equidade em franca e contínua reinvenção das instituições.

Referências

AMBRA, Pedro. "Dossiê Cartografias da Masculinidade". *Revista CULT*, n. 242, São Paulo, 7/2/2019.

BLEGER, J. "O grupo como instituição e o grupo nas instituições". In: KAËS, R. *et al.* (Orgs.). *A instituição e as instituições*. São Paulo: Casa do Psicólogo, 1991.

BUARQUE, H. H. (Org.). *Pensamento feminista hoje:* perspectivas decoloniais. Rio de Janeiro: Bazar do Tempo, 2020.

BUTLER, J. *Problemas de gênero:* feminismo e subversão da identidade, 8. ed. Rio de Janeiro: Civilização Brasileira, 2015.

________. *Corpos que importam:* os limites discursivos do sexo. São Paulo: N1 Edições, 2019.

DAVIS, A. *Mulheres, cultura e política*. São Paulo: Boitempo, 2017.

ENGLISH, H. B.; ENGLISH, A. Ch. *Diccionario de psicología y psicoanálisis*. Barcelona: Paidós, 1977.

FEDERICI, S. *Calibã e a Bruxa:* mulheres, corpo e acumulação primitiva. São Paulo: Editora Elefante, 2017.

FÉRES-CARNEIRO, T. *Casal e família:* permanências e rupturas. São Paulo: Casa do Psicólogo, 2010.

HEIDEGGER, M. *O ser e o tempo*. Petrópolis: Vozes, 1988.

HOOKS, B. *Ensinando a transgredir:* educação como prática de liberdade. 2. ed. São Paulo: Editora WMF Martins Fontes, 2017.

KAËS, R. "Realidade psíquica e sofrimento nas instituições". In: Kaës, R. *et al.* (Orgs.). *A instituição e as instituições*. São Paulo: Casa do Psicólogo, 1991.

ROGERS, Carl R. *Tornar-se pessoa*. 6. ed. São Paulo: WMF Martins Fontes, 2009.

SALIH, S. *Judith Butler e a teoria Queer*. Belo Horizonte: Autêntica, 2015.

SPARGO, T. *Foucault e a teoria Queer:* seguido de ágape êxtase — orientações pós-seculares. Belo Horizonte: Autêntica, 2019.

TEPERMAN, D; GARRFA, T.; IACONELLI, V. *Parentalidade.* Belo Horizonte: Autêntica, 2020.

TIBURI, M. *Feminismo em comum:* para todas, todes e todos. Rio de Janeiro: Rosa dos Tempos, 2018.

Dispositivos de Gênero, Atendimento às Vítimas e a Política Judiciária de Enfretamento à Violência Doméstica

Awdrey Frederico Kokol[1]

Introdução

Com o crescente número de mulheres na advocacia e a demanda social a respeito da igualdade de gênero, evidencia-se em várias esferas de poder e gestão administrativa que as reivindicações feministas estiveram por muito tempo escanteadas pela hegemonia masculina. Todavia, ainda assim, as mulheres são desafiadas a ultrapassar barreiras culturais estancadas no patriarcado que muitas vezes impedem de alçar voos mais altos no campo da igualdade entre homens e mulheres.

Dentre os desafios existentes, há o direito de se garantir o pleno acesso à justiça para vítimas de violência doméstica. As pesquisas científicas mostram que, ainda, o sistema de justiça, em todas as suas instâncias, tende mais a culpabilizar a vítima pelo crime do que resolvê-lo em si. É fato conhecido, por exemplo, que muitas vítimas não se sentem seguras dentro de uma Delegacia da Mulher, em alguns casos a falta de adequado atendimento profissional ocasiona não somente o arquivamento do procedimento, mas a própria reincidência da violência, culminando no fim mais trágico, o feminicídio.

---

(1) Advogada atuante nas áreas Cível, Família e Violência Doméstica. Mestre em Direito pela Universidade Metodista de Piracicaba. Conselheira seccional da Ordem dos Advogados do Brasil, Seccional de São Paulo. Membro do Conselho da Mulher dos municípios de Americana e Santa Bárbara d'Oeste.

A morosidade e impunidade do sistema judiciário também impõe à vitima um estado de vulnerabilidade preocupante, segundo dados fornecidos pelo Conselho Nacional de Justiça, a pesquisadora Artenira Silva e Silva e outros autores, em artigo publicado na revista *Le Monde Diplomatique*, apontam que: "o Poder Judiciário não superou a lógica da Lei n. 9.099/95, que caracterizava os crimes de violência doméstica e familiar contra a mulher como delitos de menor potencial ofensivo" (SILVA E SILVA, 2023).

Fato é que, embora a legislação seja uma das melhores do mundo, na prática, o Brasil ainda não conseguiu implantar tal qualidade na rede de atendimento à mulher como um todo, seja por falta de unidade na prestação dos serviços públicos, seja pela falta de destinação orçamentária para tanto, e o sistema jurídico, onde desemboca o fracasso das políticas públicas, ostenta um arcabouço de ações e omissões que impõe às mulheres que sofreram e sofrem violência doméstica um sentimento de insegurança e impunidade.

Assim, este artigo pretende de forma objetiva descrever a base jurídica de previsão da garantia de assistência a essas vítimas no curso da investigação e processual, qual o papel e quais os desafios das advogadas e da Ordem dos Advogados do Brasil, e ainda trazer reflexões de como as falhas no cumprimento das políticas judiciárias geram a reprodução da violência institucional no país.

Os dispositivos de gênero

Antes de qualquer aprofundamento no tema proposto, é importante pontuar que as políticas públicas e ações em prol da vitima de violência doméstica precisam levar em consideração fatores históricos e, sobretudo, religiosos que despertam a misoginia e o machismo, que estão intrínsecos na sociedade e que só serão de fato combatidos se compreendidos e desconstruídos em um esforço herculano e recorrente das instituições que buscam o fim da violência doméstica.

O estudo de Valeska Zanello apresenta os dispositivos dos processos de subjetivação; atualmente na cultura sexista as mulheres se subjetivam por meio do dispositivo amoroso, mediado por um padrão estético e o materno, em que a mulher deve cumprir o papel de mãe amorosa e assumir por completo a função de cuidar. Os homens se subjetivam pelo dispositivo da eficácia, baseado na virilidade sexual e virilidade laborativa. Vale como observação o propósito da autora em apresentar como ficção categórica o estudo desses dispositivos, propondo efeitos diferentes das teorias hegemônicas nas quais a perspectiva de gênero não foi ou é levada em consideração a fim de viabilizar análises negligenciadas nas clínicas de terapia e nas abordagens de subjetividade em geral (ZANELLO, 2018, p. 50)

Quando o casamento se eleva ao *status* de sacramento religioso, de forma que a instituição da monogamia, Estado e Igreja se unem para controlar as uniões e a natalidade, torna-se um projeto político e religioso.

Já na era moderna, a autoridade dos maridos e o desempoderamento da mulher como esposa, tratada como incapaz, é um passado recente que ainda reverbera no século XXI.

Na atual fase pós-moderna, a sociedade está marcada pelo avanço do letramento e liberdade, conhecemos o amor romântico, fenômeno que se consolidou com o processo de industrialização e urbanização, embora ainda com os traços marcantes do machismo e do racismo, o ideal estético e então a tecnologia de gênero aparece nos aparelhos midiáticos reproduzindo os padrões da sociedade contemporânea para firmar padrões do amor-paixão, cunhado nos seres idealizados como belos, qual seja, a mulher loira e magra. Mas as mulheres continuavam a ser as responsáveis pelo casamento duradouro, calcada no bom comportamento, pureza, ausência de libertinagem e na missão de cuidar do esposo.

As revistas que entretinham a mulher da era moderna, agora mais letrada, traziam ensinamentos de como "arrimar" o homem em casa, produzindo e reproduzindo comportamentos de total submissão à vontade do homem, marcando-se o uso da tecnologia de gênero para manter essa relação de submissão. Ainda o dispositivo amoroso dessa era já se compõe com uma necessidade de que a mulher se exibisse, a sexualidade vira um imperativo para aumentar suas chances de ser escolhida (para o casamento), no fim, vigora ainda a ideia de quem escolhe é o homem.

Quando a era televisiva chegou, ela já era um forte instrumento do processo de subjetivação feminina sob a perspectiva do homem, as representações de relações conjugais nas novelas e filmes proporcionavam a ideia do amor-paixão para salvar as relações, e os desejos sexuais dos homens centravam as relações que poderiam ser duradouras. E assim, podemos chegar à definição do dispositivo amoroso: "Dizer que o dispositivo amoroso se apresenta como caminho privilegiado de subjetivação para as mulheres em nossa cultura significa dizer que as mulheres se subjetivam, na relação consigo mesmas, mediadas pelo olhar de um homem que as escolha" (ZANELLO, 2018, p. 75).

Partimos, assim, do pressuposto que os modelos familiares estão esteriopados em uma sociedade que cunha a dependência e submissão da mulher ao homem para a permanência do casamento, naturalizando a violência, seja de qual tipo for. Dessa forma, romper esses padrões demanda uma mudança cultural, a reestruturação do pensamento em várias instituições e o Poder Judiciário não escapa a essa necessidade.

Violência institucional e Justiça morosa

A Lei Maria da Penha, como é de fato notório, ficou conhecida porque resultou de um longo processo de descaso do Estado brasileiro com Maria da Penha Maia Fernandes, que deu nome à Lei. Em abril de 2001, a Comissão Interamericana de Direitos Humanos da OEA determinou o pagamento a uma indenização equivalente a vinte mil reais na época à vítima, bem como recomendou:

> [...] simplificar os procedimentos judiciais penais a fim de que possa ser reduzido o tempo processual, sem afetar os direitos e garantias do devido processo e o estabelecimento de formas alternativas às judiciais, rápidas e efetivas de solução de conflitos intrafamiliares, bem como de sensibilização com respeito à sua gravidade e às consequências penais que gera. (BRASIL, 2006)

Dessa forma, a própria Lei Maria da Penha surge como demanda de política pública não só em relação aos crimes de violência doméstica, mas também ao próprio descaso do Poder Judiciário, ou seja, da violência institucional vivenciada pela vítima.

A violência institucional se torna então uma grande barreira para as concretizações de políticas públicas de enfrentamento à violência doméstica, uma vez que ela se encontra em vários pontos da estrutura do sistema de Justiça, desde os primeiros atendimentos na Delegacia da Polícia até a efetivação do fim do processo.

Recentemente, duas leis importantes entraram em vigor para tratar da violência institucional. A primeira delas foi a Lei n. 14.245, de 22 de novembro de 2021, conhecida como "Lei Mariana Ferrer", quando uma *influencer*, ao sofrer uma situação de violência durante uma audiência de instrução em processo que figurava como vítima, foi atacada pelo promotor de Justiça do caso e pelo próprio magistrado. A segunda foi a Lei n. 14.321, de 31 de março de 2022, que definiu o crime de violência institucional acrescentando-o à Lei do Abuso de autoridade, reconhecendo abusos e procedimentos desnecessários no decorrer do processo envolvendo vítimas de violência doméstica.(2)

Nos processos que envolvem a violência doméstica e violência de gênero, é mais comum do que deveria ser a existência da revitimização desnecessária, já na fase de instrução policial se estendendo pelo processo, por operadores do direito que conhecem precariamente a legislação e não têm treinamento suficiente para oferecer a melhor solução para o caso, considerando toda uma estrutura enraizada do patriarcalismo na sociedade brasileira, e o Poder Judiciário não escapa à regra, como bem se coloca no pensamento de Pierre Bourdieu:

> A força da ordem masculina pode ser aferida pelo fato de que ela não precisa de justificação: a visão androcêntrica se impõe como neutra e não tem necessidade de se enunciar, visando sua legitimação. A ordem social funciona como uma imensa máquina simbólica, tendendo a ratificar a dominação masculina na qual se funda: é a divisão social do trabalho, distribuição muito restrita das atividades atribuídas a cada um dos dois sexos, de seu lugar, seu momento, seus instrumentos (BOURDIEU, 2012, p. 18).

---

(2) "*Violência Institucional*. Art. 15-A. Submeter a vítima de infração penal ou a testemunha de crimes violentos a procedimentos desnecessários, repetitivos ou invasivos, que a leve a reviver, sem estrita necessidade: I – a situação de violência; ou II – outras situações potencialmente geradoras de sofrimento ou estigmatização: § 1º Se o agente público permitir que terceiro intimide a vítima de crimes violentos, gerando indevida revitimização, aplica-se a pena aumentada de 2/3 (dois terços). (BRASIL, 2022)

O caso de Mariana Ferrer trata-se de um evidente caso de violência institucional, a *influencer* foi revitimizada em várias circunstâncias do processo, cometidas pelo promotor de justiça e pelo juiz do caso. O empresário André de Camargo Aranha, acusado de estuprar Mariana Ferrer, ainda foi inocentado pela tese da promotoria de que não havia como o autor do crime saber que a vítima não estava em condições de consentir com o ato sexual, e um crime que era para ser considerado estupro de vulnerável ficou conhecido como "estupro culposo", aquele em que não há intenção de estuprar, gerando um verdadeiro "Frankenstein" na história do judiciário brasileiro. Durante a audiência, o advogado do empresário acusado adota uma postura de extrema grosseria e ofensa à vítima, juntou fotos sensuais da jovem, denominando de "imagens ginecológicas" e ainda disse que jamais teria uma filha no nível de Mariana, no decorrer da audiência ele a repreende por estar chorando: "não adianta vir com esse teu choro dissimulado, falso e essa lábia de crocodilo" (ALVES, 2020).

O promotor que assumiu a denúncia já no curso do processo adotou a tese de que, na ocorrência do fato, o acusado não poderia auferir se a vítima não estava em condições de consentir sobre a relação sexual, e, portanto, não havia cometido nenhum crime, assim, o juiz inocentou o empresário.

Essa vergonhosa atuação de advogado, promotor e juiz no processo, gerou então a promulgação da Lei n. 14.425 de 2021, conhecida como a Lei Mariana Ferrer, acarretando mudanças no Código Penal, Código de Processo Penal e Juizados Especiais na tentativa de coibir atos atentatórios à dignidade da vítima e testemunhas no curso do processo:

> Art. 400-A. Na audiência de instrução e julgamento, e, em especial, nas que apurem crimes contra a dignidade sexual, todas as partes e demais sujeitos processuais presentes no ato deverão zelar pela integridade física e psicológica da vítima, sob pena de responsabilização civil, penal e administrativa, cabendo ao juiz garantir o cumprimento do disposto neste artigo, vedadas:
>
> I – a manifestação sobre circunstâncias ou elementos alheios aos fatos objeto de apuração nos autos;
>
> II – a utilização de linguagem, de informações ou de material que ofendam a dignidade da vítima ou de testemunhas. (BRASIL, CÓDIGO PENAL, 2021)

O Relatório do Conselho Nacional de Justiça evidencia um fator importante a respeito do tratamento conferido pela Magistratura nos casos de violência doméstica, que diz respeito ao fato de o juiz estar ou não mais sensível à causa, e ter feito algum tipo de qualificação, quando não estão presentes nenhum desses pressupostos, o deslinde do processo tende a ser muito menos sensível à questão:

> Ao longo do relatório, diversos resultados evidenciam as diferentes compreensões e atuações dos atores jurídicos frente à matéria, reafirmando a validade heurística da tipologia apresentada nesta seção. Importante observar que, embora os tipos construídos estejam centrados nos/nas profissionais da magistratura, devido ao protagonismo que têm na definição de como a LMP é aplicada e ao interesse central da pesquisa na atuação do Poder Judiciário, a proatividade dos membros dos demais órgãos do sistema de justiça também está vinculada com o apreço pelo tema da VDFM. Sendo assim, esses tipos também se aplicam a promotores/as e defensores/ as públicos/as. Ou seja, os profissionais que mais demonstraram reconhecer a relevância do assunto comumente investem em formação e capacitação na temática, buscam atuações mais acolhedoras e, em alguns casos, até conduzem projetos especializados em suas comarcas (como se verá em seção específica) (CNJ, 2019, p. 25).

Não bastasse o machismo evidente e fortemente presente no Poder Judiciário brasileiro, grave é ainda mais a morosidade com a qual as vítimas de violência doméstica lidam no deslinde de suas situações reclamadas no Judiciário. A demora no atendimento às mulheres representa não somente a obstrução ao direito ao acesso à justiça, mas sobretudo a revitimização da mulher, e muitas vezes o agravamento da situação.

A docente e pesquisadora Artenira da Silva e Silva e outros autores ressaltam por meio da análise de dados do CNJ, que o Brasil tem 8.346 varas e 1.206 juizados especiais, sendo 145 especializados, o que representa apenas 1,7%, do total dos cartórios brasileiros. Segundo os pesquisadores, os números apresentados pelo relatório são prova inequívoca de que os processos de persecução criminal crescem, porém sem andamento. Em 2021, houve 630.948 processos distribuídos, destes, apenas 333.090 foram sentenciados e ainda assim, o estudo ainda aponta:

> Outro dado absolutamente cruel é o de 627.776 processos baixados (já concluídos) em 2021, estando estocados 1.301.605 processos à espera de providencias iniciais, o que significa dizer que há centenas de milhares de brasileiras, vítimas, aguardando uma resposta do Sistema de Justiça. Vale dizer que os processos "baixados" são aqueles que, em regra, já transitaram em julgado (nos quais não cabe mais recursos a tribunais superiores), iniciando-se assim a fase de cumprimento de sentença, não obstante existam algumas outras situações que possam caracterizar processos baixados, a exemplo de processos remetidos para outros órgãos judiciais competentes, desde que vinculados a tribunais diferentes, encaminhados para as instâncias superiores ou arquivados definitivamente (SILVA E SILVA, 2023).

Os dados levantados demonstram que, apesar das políticas propostas pelo Conselho Nacional de Justiça, considerando que os tribunais estaduais têm atuação independente, as disparidades entre os estados é grande, no que tange à eficiência do Judiciário, há que se considerar que a previsão orçamentária para o sistema judiciário depende muito da política e formas de governo de cada ente federativo. Nos últimos anos houve um estancamento muito grande a respeito de distribuição de verbas para as políticas públicas contra a violência doméstica, o que gera um impacto grande em toda a rede de atendimento às vítimas (MARTELLO, 2022).

Vale dizer também que não somente a ausência de qualificação e letramento de gênero nos tribunais ou mesmo ausência de varas especializadas gera a morosidade, mas a ausência de previsões legais para estimular o andamento do processo como assistência jurídica em todas as fases, seja do inquérito, seja do processo ou também a possibilidade de assistente de acusação seriam aspectos que otimizariam significativamente a eficiência da Lei Maria da Penha.

O direito das vítimas de violência à assistência

A obrigação de garantir às vítimas de violência doméstica todo tipo de assistência está amparada na Constituição Federal no art. 226: "A família, base da sociedade, tem especial proteção do Estado [...]: § 8º O Estado assegurará a assistência à família na pessoa de cada um dos que a integram, criando mecanismos para coibir a violência no âmbito de suas relações".

Antes da Constituição Federal, em 1985, a criação das Delegacias Especializadas de Atendimento à Mulher (DEAM), já representavam um marco nas políticas públicas em defesa da mulher, na mesma época surgiam as casas-abrigo para atender àquelas que precisavam ser retiradas do contexto do lar (CNJ, 2019, p.10).

Ainda na década de 1990 o Brasil tornou-se signatário da Convenção de Belém do Pará e a Convenção de Beijing, que definiram os tipos de violência doméstica e instituíram as políticas públicas e medidas preventivas que promovessem autonomia, empoderamento e capacitação de mulheres (CNJ, 2019, p.11).

Em 1995, a Lei dos Juizados Especiais Cíveis e Criminais, Lei n. 9.099, foi o texto legal que primeiro definiu como crime a violência contra a mulher, porém os delitos dessa natureza eram considerados crimes de menor potencial ofensivo. O reconhecimento público de que essa caracterização banalizava os crimes de violência à mulher, tornando-se totalmente inadequado e ineficiente, resultou no processo da famigerada Lei n. 11.340 de 2006, a Lei Maria da Penha (BIGLIARDI *et al*, 2023, p. 91)

Dentre os avanços da Lei Maria da Penha, que se tornou conhecida como uma das melhores no mundo, assim considerada pelas Nações Unidas, estão a ampliação do crime com penalização de um para três anos, revogação da aplicação da Lei dos Juizados Especiais para os casos de violência doméstica, crição das Varas Especializadas, uma completa gama de medidas protetivas e políticas de combate à violência contra a mulher inserindo o Poder Judiciário nas políticas de enfrentamento aos crimes dessa natureza.

> Art. 3º Serão asseguradas às mulheres as condições para o exercício efetivo dos direitos à vida, à segurança, à saúde, à alimentação, à educação, à cultura, à moradia, ao acesso à justiça, ao esporte, ao lazer, ao trabalho, à cidadania, à liberdade, à dignidade, ao respeito e à convivência familiar e comunitária.

> § 1º O poder público desenvolverá políticas que visem garantir os direitos humanos das mulheres no âmbito das relações domésticas e familiares no sentido de resguardá-las de toda forma de negligência, discriminação, exploração, violência, crueldade e opressão. (BRASIL 2006)

A Lei Maria da Penha também consolidou o direito ao acesso à justiça determinando que a mulher esteja acompanhada de um advogado:

> Art. 27. Em todos os atos processuais, cíveis e criminais, a mulher em situação de violência doméstica e familiar deverá estar acompanhada de advogado, ressalvado o previsto no art. 19 desta Lei.
>
> Art. 28. É garantido a toda mulher em situação de violência doméstica e familiar o acesso aos serviços de Defensoria Pública ou de Assistência Judiciária Gratuita, nos termos da lei, em sede policial e judicial, mediante atendimento específico e humanizado. (BRASIL, 2006)

Para garantir tais direitos, o CNJ instituiu por meio da Resolução n. 254, de 4 de setembro de 2018, a Política Judiciária Nacional de enfrentamento à violência contra as mulheres no Poder Judiciário (CNJ, 2018).

Contudo, os dados estudados e levantados ainda em 2019, pelo próprio CNJ, demonstram que a predominância da forma heterogênea com que magistrados têm tratado os casos demandados na justiça afetam a interpretação da lei e os limites do Judiciário em implementar políticas em atender as mulheres, e que há inclusive uma descrença em relação ao seu próprio papel de desempenhar essas políticas públicas, atrapalhando significativamente a dinâmica do propósito da lei em garantir tratamento mais humanizado às vítimas:

> Apesar da diversidade apontada, foi possível constatar que dificuldades para concretizar os dispositivos da Lei Maria da Penha são sentidas por todos os atores jurídicos. Percebe-se que mesmo aqueles que defendem a aplicação fiel da lei e se esforçam em incorporar uma visão diferente das convenções tradicionais de gênero esbarram nos limites objetivos – excesso de processos, escassez de pessoal, necessidade de obedecer aos ritos e códigos penais, cobrança por celeridade e produtividade

> — e subjetivos — o valor da família como ente a ser preservado a qualquer custo, os papéis esperados das mulheres na sociedade, a incompreensão sobre o ciclo da violência doméstica, a força do direito patrimonial, a concepção acerca do que é crime e de quem é criminoso. Muitos deles inclusive demonstram certa frustração em sua atuação cotidiana diante da impotência do poder público em garantir proteção efetiva às mulheres, seja frente às idas e vindas na dinâmica das relações entre elas e seus agressores, às dificuldades para monitorar as medidas protetivas ou ao próprio caráter estrutural da violência doméstica (CNJ, 2019, p. 158-9).

O relatório também levantou as percepções das mulheres a respeito da implantação de tais políticas, constatando que muitas delas não conseguem ter acesso aos advogados ou ao atendimento jurídico da própria Defensoria Pública, a forma pela qual os ritos e os desfechos se seguem são incompreensíveis.

A Defensoria Pública e a Ordem dos Advogados do Brasil

A Defensoria Pública, instituída e organizada pela Lei Complementar n. 80, de 12 de janeiro de 1994, tem como objetivos assegurar o direito de acesso ao Poder Judiciário por meio da assessoria e defesa dos mais necessitados, promoção e permanência dos direitos humanos e entre tais funções está a que interessa para o tema em debate, a defesa dos interesses individuais e coletivos da mulher vítima de violência doméstica e familiar (BRASIL, 1994).(3)

Considerando que a Defensoria Pública abrange a União, Estados, Distrito Federal e Territórios, cumpre esclarecer que a forma pela qual a promoção de tais direitos vai se realizar vai depender de diversos fatores políticos e econômicos dos respectivos entes da federação.

---

(3) Art. 4º da Lei n. 80 de 12 de janeiro de 1994 – XI – exercer a defesa dos interesses individuais e coletivos da criança e do adolescente, do idoso, da pessoa portadora de necessidades especiais, da mulher vítima de violência doméstica e familiar e de outros grupos sociais vulneráveis que mereçam proteção especial do Estado (BRASIL, 1994).

Obviamente que a gestão da Defensoria Pública depende de previsão orçamentária do Estado, desta forma, muitas Prefeituras não têm instalações do órgão em seu município, neste caso, alguns estados celebram convênio de assistência judiciária com as Seccionais da Ordem dos Advogados do Brasil, para que os advogados inscritos atendam a população que goza do benefício da justiça gratuita.

Ainda assim, tais convênios raramente contemplam a assistência judiciária para vítimas de violência doméstica, sequer na fase do inquérito policial como bem comanda a Lei Maria da Penha, a justificativa é que a vítima não é parte do processo e, portanto, não necessitaria de patrocínio de advogado, desnecessário seria dispender dinheiro público para tanto.

No estado de São Paulo, na contramão dessa lógica, o convênio celebrado com a Ordem dos Advogados do Brasil da Seccional de São Paulo contemplou algumas situações em que advogados inscritos serão remunerados para atender medidas emergenciais relativas à violência doméstica (DEFENSORIA PÚBLICA DE SÃO PAULO, 2022).

Alguns municípios também criaram formas de assistir às vítimas de violência com projetos entre as Delegacias da Mulher e a subseção da cidade, a exemplo de Americana (*DIÁRIO DE JUSTIÇA*, 2022) e Pindamonhangaba (*VALE NEWS*, 2020). Na cidade de Piracicaba, o Projeto Heroica ganhou vida própria com uma perspectiva interdisciplinar para tal atendimento e, também, forma novas profissionais para a qualificação no atendimento (SEGUIN, 2021). A exemplo também das cidades de Bauru e Presidente Prudente, o projeto OAB POR ELAS garante assistência às vítimas por meio de um convênio com a Prefeitura e o Ministério Público (MUNHOZ, 2023; OAB BAURU, 2022).

Em que pesem essas iniciativas demonstrarem uma nova conscientização sobre o problema da violência doméstica e a importância do papel institucional da advocacia e da defensoria, diversas barreiras são enfrentadas por tais iniciativas, até mesmo com violência política de gênero, que obsta a concretude e eficácia dessa iniciativa e a falta de previsão de políticas públicas e conscientização dos atores políticos envolvidos.

Em muitos casos as Redes de Apoio e Enfrentamento à violência doméstica não têm vinculação com os aparelhos da advocacia, muitos municípios não têm um Conselho da Mulher instituído, quando muito, existem apenas com caráter consultivo sem poder de deliberação, ou seja, sem autonomia financeira e política para instituição de projetos com fortalecimento da Rede, incluindo os órgãos de assistência social.

Considerações finais

Podemos considerar que, embora o Brasil tenha uma das melhores legislações do mundo no que diz respeito à violência doméstica, ainda não superamos o machismo estrutural permanente nos sistema de justiça não só pela falta da destinação orçamentária onde desemboca o fracasso das políticas públicas, mas também pela falta de uniformidade e condução dos atores na empreitada para propor mais segurança e garantias às vítimas.

Vale dizer que as pesquisas envolvendo violência doméstica e a qualificação no atendimento precisa considerar estudos multidisciplinares e interdisciplinares que façam os recortes de gênero, raça e condições econômicas e sociais, sobretudo, um olhar sensibilizado para entender como os modelos familiares estão esteriopados em uma sociedade machista que naturalizou a violência no casamento.

Há um ponto tão pouco explorado pelas entidades públicas e atores sociais envolvidos, que diz respeito à acessibilidade dessas mulheres a um serviço de qualidade e gratuito, fornecido pelo Estado, que inclusive está previsto nos principais instrumentos normativos, porém são pouquíssimo explorados e utilizados por questões diversas, inclusive pelo machismo estrutural, a ausência de mulheres na política e a ausência de uniformidade das condutas adotadas entre os entes da federação.

As Redes de Apoio e Enfrentamento à violência doméstica não têm vinculação com os aparelhos da advocacia, a ausência de Conselhos da Mulher com autonomia financeira instituídos nas cidades, e a falta de procedimentos uniformes incluindo os órgãos de assistência de saúde e social geram verdadeiros atrasos e retrocessos para a eficiência da Lei Maria da Penha. Há caminhos e alternativas, é preciso vontade dos atores sociais e vontade política para percorrê-los.

Referências

ALVES, Shirley. "Julgamento de influencer Mariana Ferrer termina com tese inédita de 'estupro culposo' e advogado humilhando jovem". *The Intercept Brasil*, 3 nov. 2020. Disponível em: https://theintercept.com/2020/11/03/influencer-mariana-ferrer-estupro-culposo/. Acesso em: 12 fev. 2023.

BIGLIARDI, Adriana Maria; ANTUNES, Maria Cristina; WANDERBROOCKE, Ana Claudia N. S. "O impacto das políticas públicas no enfrentamento à violência contra a mulher: implicações para a Psicologia Social Comunitária". *Bol. – Acad. Paul. Psicol.*, São Paulo, v. 36, n. 91, p. 262-285, jul. 2016. Disponível e:m http://pepsic.bvsalud.org/scielo.php?script=sci_arttext&pid=S1415711X2016000200003&lng=pt&nrm=iso. Acesso em: 6 fev. 2023.

BRASIL. *Lei Complementar n. 80, de 12 de janeiro de 1994*. "Organiza a Defensoria Pública da União, do Distrito Federal e dos Territórios e prescreve normas gerais para sua organização nos Estados, e dá outras providências". Disponível em: https://www.planalto.gov.br/ccivil_03/leis/lcp/lcp80.htm. Acesso em: 15 out. 2023.

______. *Lei n. 11.340, de 7 de agosto de 2006*. "Institui a Lei Maria da Penha". Disponível em: http://www.planalto.gov.br/ccivil_03/_ato2004-2006/2006/lei/l11340.htm. Acesso em: 15 out. 2023.

______. *Lei n. 14.245, de 22 de novembro de 2021*. "Altera os Decretos-leis ns. 2.848, de 7 de dezembro de 1940 (Código Penal), e 3.689, de 3 de outubro de 1941 (Código de Processo Penal), e a Lei n. 9.099, de 26 de setembro de 1995 (Lei dos Juizados Especiais Cíveis e Criminais), para coibir a prática de atos atentatórios à dignidade da vítima e de testemunhas e para estabelecer causa de aumento de pena no crime de coação no curso do processo (Lei Mariana Ferrer)". Disponível em: https://www2.camara.leg.br/legin/fed/lei/2021/lei-14245-22-novembro-2021-791984-publicacaooriginal-163912-pl.html. Acesso em: 12 fev. 2023.

______. *Lei n. 14.321, de 31 de março de 2022*. Disponível em: https://www.planalto.gov.br/ccivil_03/_ato2019-2022/2022/Lei/L14321.htm. Acesso em: 15 out. 2023.

BOURDIEU, Pierre. *A dominação masculina*. 11. ed. Rio de Janeiro: Bertrand do Brasil, 2012.

CNJ — Conselho Nacional de Justiça. *Resolução n. 254, de 4 de setembro de 2018*. "Institui a Política Nacional de enfrentamento à violência contra as Mulheres pelo

Poder Judiciário e dá outras providências". Disponível em: https://atos.cnj.jus.br/files/resolucao_254_04092018_05092018142446.pdf. Acesso em: 4 fev. 2023.

______. *Relatório:* "O Poder Judiciário no enfrentamento à violência doméstica e familiar contra as mulheres". 2019, p. 25.

DEFENSORIA PÚBLICA DE SÃO PAULO. *Convênio n. 002/2021.* Aditamento n. 02, 2002. Disponível em: https://jornaldaadvocacia.oabsp.org.br/wp-content/uploads/2022/08/SEI_0244960_Minuta-1.pdf. Acesso em: 15 out. 2023.

DIÁRIO DE JUSTIÇA. *OAB de Americana lança projeto para atender mulher vítima de violência doméstica.* 21 dez. 2019. Disponível em: https://diariodejustica.com.br/oab-de-americana-lanca-projeto-atena-para-atender-mulher-vitima-de-violencia-domestica/. Acesso em: 15 out. 2023.

MARTELLO, Alexandre. "Governo Bolsonaro propõe 94% menos de recursos no orçamento para combate à violência contra mulheres, diz levantamento". Brasília, *G1*, 29 set. 2022. Disponível em: https://g1.globo.com/politica/noticia/2022/09/29/governo-bolsonaro-propoe-94percent-menos-de-recursos-no-orcamento-para-combate-a-violencia-contra-mulheres-diz-levantamento.ghtml. Acesso em: 16 out. 2023.

MUNHOZ, Bárbara. "Projeto 'OAB por elas' fornece atendimento jurídico gratuito e humanizado às vítimas de violência doméstica". *Portal G1.* 16 fev. 2023. Disponível em: https://g1.globo.com/sp/presidente-prudente-regiao/noticia/2023/08/16/projeto-oab-por-elas-fornece-atendimento-juridico-gratuito-e-humanizado-as-mulheres-vitimas-de-violencia-domestica.ghtml. Acesso em: 15 out. 2023.

OAB BAURU. *Inscrições abertas Edital 04/2022.* Comissão da Mulher Advogada. Disponível em: https://oabbauru.org.br/oabporelas. Acesso em: 15 out. 2023.

SEGUIN, Laís. "Projeto Heroica deve ter acompanhamento 24 horas". *JP Jornal de Piracicaba*, 15 dez. 2021. Disponível em: https://sampi.net.br/piracicaba/noticias/1774214/cidade/2021/12/projeto-heroica-deve-ter-acompanhamento-24h. Acesso em: 15 out. 2023.

SILVA E SILVA, Artenira *et al.* "A comprovação indiscutível do não acesso à justiça por brasileiras violentadas". *Le Monde Diplomatique – Brasil*, 2 fev. 2023. Disponível em: https://diplomatique.org.br/a-comprovacao-indiscutivel-do-nao-acesso-a-justica-por-brasileiras-violentadas/. Acesso em: 10 ago. 2/24.

VALE NEWS. “Projeto ‘Recomeçar’ levará melhor segurança para mulheres vítimas de violência em Pindamonhangaba”. 20 mar. 2020. Disponível em: https://valenews.com.br/2020/03/09/projeto-recomecar-levara-melhor-seguranca-para-mulheres-vitimas-de-violencia-em-pindamonhangaba/. Acesso em 15 out. 2023.

ZANELLO, Valeska. *Sáude mental, gênero e dispositivos:* cultura e processos de subjetivação. Curitiba: Appris, 2018.

A Condição das Mulheres Negras na Sociedade Brasileira Digital: Uma Breve Análise

Juliana Leme Faleiros[1]

Valéria Pilão[2]

Waleska Miguel Batista[3]

Introdução

Nas últimas três décadas houve, globalmente, um incremento do uso de novas tecnologias no cotidiano e nos mais diversos setores econômicos. Não há, definitivamente, como negar a incrível transformação das relações sociais e do impacto da digitização na sociedade contemporânea.

---

(1) Advogada e professora na FADISP. Doutora e Mestra em Direito Político e Econômico (Mackenzie). Bacharela em Direito (UNIVEM) e em Ciência Política (Uninter). Pesquisadora no grupo de pesquisa (CNPq) "Estado e Direito no pensamento social brasileiro". Desenvolve pesquisa de pós-doutoramento na Universidade Estadual de Goiás sobre sistema interamericano de direitos humanos e gênero com financiamento do CNPq.

(2) Consultora, docente e pesquisadora. Doutora em Ciências Sociais pela Unesp – Marília. Mestra em Sociologia pela Universidade Federal do Paraná. Bacharela e Licenciada em Ciências Sociais penas Unesp – Marília. Pesquisadora no grupo de pesquisa (CNPq) "Estado e Direito no pensamento social brasileiro". Desenvolve pesquisa de pós-doutoramento sobre tecnologia e sociedade na Universidade Tecnológica Federal do Paraná. Fundadora da empresa de formação e consultoria Enredos.

(3) Coordenadora da Graduação em Direito e professora da Graduação, do Mestrado e do Doutorado em Direito da Faculdade Autônoma de Direito (FADISP). Professora da Faculdade de Direito e Coordenadora do Centro de Estudos Africanos e Afro-Brasileiros Dra. Nicea Quintino Amauro da PUC – Campinas. Pós- doutoranda em Educação pela Universidade de Campinas (UNICAMP). Doutora em Direito Político e Econômico pela Universidade Presbiteriana Mackenzie. Integrante do Grupo de Pesquisa Estado e Direito no Pensamento Social Brasileiro (CNPq). Diretora de Comunicação do Instituto Luiz Gama. Advogada. Bolsista FUNADESP

No Brasil, até os anos de 1990, a linha telefônica era ativo de investimento e, por isso, era comum as pessoas possuírem várias linhas para alugar e aumentar a renda mensal. Além da privatização da Telebrás, houve uma transformação importante no uso de meios para comunicação e os aparelhos celulares com aplicativos de conversa passaram a predominar. As novas tecnologias dominam e o telefone fixo segue o caminho para tornar-se uma peça de museu.

Os aparelhos celulares, os computadores pessoais, os *tablets* e todos os demais equipamentos permitem a conexão, em tempo real, de um extremo a outro do planeta. Conectamos aos *e-mails*, pessoais e profissionais; usamos redes sociais; falamos por videochamadas; fazemos transferências e transações financeiras quase instantâneas com alguns toques nos aparelhos. Desse modo, a vida e a subjetividade estão severamente formadas e informadas pelo ambiente digital, o que leva à reflexão de seu impacto na vida das pessoas.

Nesse sentido, convém perscrutar esse tema sob a perspectiva da realidade socioeconômica e política brasileira. De acordo com *"World Inequality Report 2022"* o Brasil é um dos países mais desiguais do mundo, pois os 10% no topo ganham 59% da renda nacional total, enquanto metade da população, na parte inferior, ganha apenas cerca de 10% (CHANCEL, 2022, p. 185).

Em articulação à desigualdade socioeconômica, o Brasil é organizado a partir de uma profunda desigualdade racial. De acordo com a pesquisa "Desigualdades sociais por cor ou raça no Brasil" do Instituto Brasileiro de Geografia e Estatística (IBGE), a representação política de pretos e pardos é de 24,4% enquanto os brancos ocupam 75,6%. A taxa de analfabetismo de pretos e pardos, residentes na região urbana, é de 6,8%, e os presentes na zona rural é de 20,7%. Os brancos analfabetos alcançam 3,1% no urbano e 11% no rural (BRASIL, 2023).

No que diz respeito ao mercado de trabalho, o IBGE (2018) afirma, nesta mesma pesquisa, que "as mulheres receberam 78,7% do valor dos rendimentos dos homens, em 2018, as pessoas de cor ou raça preta ou parda receberam apenas 57,5% dos rendimentos daquelas de cor ou raça branca."

Outro dado que evidencia a imbricação entre raça e desigualdade social é o acesso ao saneamento básico, que implica pior qualidade de vida, física e mental, e maior exposição de vetores de doença. A pesquisa revela que, em 2018, pretos e pardos tinham menor acesso à coleta de lixo, sendo 12,5% para 6% da população branca. Além disso, sem abastecimento de água por rede geral (17,9%, contra 11,5% da população branca), e sem esgotamento sanitário por rede coletora ou pluvial (42,8%, contra 26,5% da população branca) (BRASIL, 2018).

Sabe-se que a pandemia de covid-19 fez emergir, ainda mais, as desigualdades e as violências sofridas pela maior parte da população brasileira, ou seja, essa emergência sanitária não é causa das desigualdades; ela, infelizmente, agudizou um quadro já endêmico no país. Aliás, de acordo com o Instituto de Pesquisa Econômica Aplicada (IPEA, 2023), houve um aumento de 38% no número de pessoas em situação de rua, alcançando a cifra de 281 mil pessoas em 2022, sendo que a maior parte desse grupo é preto ou pardo (CASTELEIRA, 2022).

Numa sociedade capitalista orientada pela produção e circulação de mercadorias, os dados acima trazidos demonstram uma sociedade desigual, com uma miríade de vulnerabilidades que atingem as mulheres e, de forma mais contundente, as mulheres negras. Desse modo, é pertinente a seguinte indagação: qual a condição das mulheres negras na sociedade brasileira digital? Como objetivo geral, este artigo almeja analisar a condição das mulheres negras na sociedade brasileira digital e, como objetivos específicos, apresentar a condição das mulheres negras na sociedade brasileira e apresentar a configuração das relações sociais digitais.

A metodologia utilizada é de revisão bibliográfica, tendo como principal referencial teórico o sociólogo Florestan Fernandes, principalmente, sua compreensão sobre democracia que, para ele, a partir da formação e consolidação do capitalismo dependente no Brasil a democracia é restrita à parte da sociedade, ou seja: o acesso à cidadania e ao exercício de direitos está restrito às frações dominantes de classe.

A hipótese desta pesquisa é no sentido de que a particularidade brasileira acerca do desenvolvimento do capitalismo dependente leva à democracia restrita a setores da classe burguesa e, portanto, o não acesso a bens e direitos, destacadamente, ao ambiente digitizado é expressão dessa formação histórico-estrutural.

1. Mulheres negras no Brasil: a expressão da articulação das categorias de classe, raça e gênero

A sociedade brasileira tem as bases de sua formação na exploração do trabalho escravo, nas grandes propriedades de terra e na monocultura. Em seu período colonial, serviu às metrópoles como fornecedora de matéria-prima e, mesmo com o processo de independência, em 1822, houve mudanças sem afetar a estrutura.

O Império foi um longo período de transição para as transformações necessárias para a integração do país num cenário internacional com o surgimento de polos industriais, mais especificamente, na cidade de São Paulo e a consequente criação de mercado interno de consumo.

Foram transformações como a abertura dos portos, a intensificação do tráfico de pessoas negras na mesma medida que aumentava a pressão inglesa para o fim desse comércio infame (RODRIGUES, 2000), as transformações políticas e sociais como a criação dos dois cursos de Direito, a dinâmica agrária com apogeu, estagnação e decadência da exploração da terra assim como o incentivo à imigração por parte dos senhores rurais do novo oeste paulista (BEIGUELMAN, 2005) que levaram à mudança da exploração do trabalho escravo para o livre.

Foi na cidade de São Paulo que se condensaram as tensões e contradições do período. Foi ali, já um centro de negócios e de moradia de alguns proprietários rurais, que os trabalhadores negros se refugiavam do cativeiro e que o movimento abolicionista ganhou tração. O século XIX chegou ao fim com a abolição da escravidão do povo negro e a Proclamação da República, levando à predominância do trabalho livre sobre o trabalho escravo. Essa alteração não aconteceu sem resistência, principalmente, dos grupos que estavam mais afetados pelas crises econômicas. O Brasil, cada vez mais integrado à dinâmica capitalista internacional, não tinha mais interesse na manutenção da exploração do trabalho escravo. A mudança aconteceu, porém, manteve-se a dependência com a economia agrária organizada no molde concentração de terra-monocultura.

É importante apontar esse aspecto estrutural, pois a mulher negra está nela inserida; a mulher negra está no mundo do trabalho, historicamente determinado e, por isso, importa falar de transformações que mantêm raízes. Não se trata de continuidade nem mesmo de algo linear a atingir um objetivo predefinido. São múltiplas determinações que levam à configuração do trabalho livre e, assim, dos espaços reservados à mulher negra.

A inserção das mulheres negras no mercado de trabalho livre se deu de maneira, predominantemente, precarizada. Com a abolição, foram elas mantidas na tarefa de assear e organizar a vida doméstica dos ex-senhores e de seus familiares e agregados. A sociedade entendia que as mulheres negras eram aptas aos trabalhos internos e domésticos, de modo que eram restritas à subalternação em todas as relações sociais (FERNANDES, 2017).

De certa maneira, dado o lugar em que estavam na dinâmica do trabalho escravo, as mulheres negras libertas já estavam vinculadas às relações sociais de trocas de favores, nas quais a percepção de que trabalho doméstico não tinha o reconhecimento de trabalho, mas de atividade realizada pelo afeto, acolhimento, proteção e cuidado, para além disso, de gratidão com seu "patrão".(4) Como aponta Machado (2010), para as mulheres negras, livres ou não, "os caminhos da autonomia estavam marcados por restrições de gênero, que determinavam o ambiente doméstico como quase o único espaço de sobrevivência para as mulheres pobres" (2010, p. 168). É o reforço do padrão violência e favor que se manteve na construção da hegemonia econômica e política burguesa, pois:

> o peso das relações escravistas patriarcais e seu habitual desapreço pelo trabalho manual desempenhado tradicionalmente pelas escravas, relegavam aquelas agentes da subsistência e suas ocupações desqualificadas a baixos salários e a condição de trabalho particularmente opressivas: alicerces da subsistência apagada (TELLES, 2011, p. 125).

---

(4) O afeto e cuidado foram inseridos na lógica de que as mulheres negras tinham funções típicas domésticas, ao mesmo tempo que deveriam ser gratas por ter a "oportunidade" de servir pessoas que a tratavam "como se fosse da família", dando-lhe alimentação e casa. Na verdade, o que acontecia era criar um mecanismo de dependência dos serviços das mulheres negras, de maneira que elas sequer tinham a possibilidade de constituir sua própria família. Era a continuidade da forma de exploração da força de trabalho das mulheres negras.

Se não acatassem o estado de dependência, favor e violência, ficavam à própria sorte lavando, engomando e passando, se encontrassem trabalho. Beiravam à indigência, eram perseguidas pela polícia pelo crime de vadiagem e corriam o risco de morte por afogamento nos rios para cumprir seus afazeres. A sociedade de classes que se constituiu a partir da virada do século XIX para o século XX acolheu as mulheres negras pela margem: a burguesia delas necessita para o trabalho duro, pouco valorizado, assim como para a exploração sexual.

Lelia Gonzalez, ao resgatar a história da América Latina para apresentar a categoria político-cultural de amefricanidade, vai dizer que essa região se constituiu a partir de um "modelo rigidamente hierárquico" que assujeitava os grupos diferentes e dominados a "violento controle social e político" (1988, p. 73). Gonzalez assevera, ainda, que esse passado cunhou os países latino-americanos de uma ideologia de classificação social, tanto racial como sexual.

Também é Gonzalez que, refletindo sobre racismo e sexismo na cultura brasileira, vai questionar os motivos pelos quais a "democracia racial" teve aderência na sociedade brasileira, com profunda aceitação, inclusive dos dominados. Acerca da condição da mulher negra, ela vai mostrar o quanto a ideia de mulata, de doméstica e de mãe preta limita o lugar das mulheres negras na sociedade brasileira: são papéis da mulher negra durante o período da exploração do trabalho escravo que, repaginados a partir das necessidades da economia capitalista, se mantêm com outra roupagem.

Ela quer tensionar, demonstrando que existe divisão sexual do trabalho e divisão racial do trabalho — a articulação entre classe, raça e gênero — e, nesta divisão, a mulher negra é *naturalmente* faxineira, cozinheira, servente ou prostituta. Ela indaga:

> Por que será que ela só desempenha atividades que não implicam em "lidar com o público"? Ou seja, em atividades onde não pode ser vista? Por que os anúncios de emprego falam tanto em "boa aparência"? Por que será que, nas casas das madames, ela só pode ser cozinheira, arrumadeira ou faxineira e raramente

> copeira? Por que é "natural" que ela seja a servente nas escolas, supermercados, hospitais etc. e tal? (GONZALEZ, 1980, p. 233)

Essa leitura de Brasil, tanto pela sua vivência acadêmica quanto por sua militância política, expõe aquilo que, ainda hoje, insiste-se em negar: a profunda imbricação entre classe, raça e gênero e é dela que se deve partir de qualquer análise da sociedade brasileira. É Gonzalez também quem vai carrear essa pauta, demonstrando que são as mulheres negras que expressam essa contradição por serem, historicamente, as que ocupam os lugares mais precarizados no mercado de trabalho. Por isso, as mulheres negras sofrem, no mínimo, a dupla discriminação, que é o fato de serem mulheres e negras, nesta sociedade que é racista e sexista. Almeida (2018) afirma que as causas acumulativas de opressão evidenciam as desigualdades estruturais no Brasil.

Ainda que seja possível verificar o aumento de mulheres negras em situação de destaque, as estatísticas mostram que a condição delas ainda é subalternizada: são elas as que mais sofrem violência obstétrica, que recebem os piores salários e que são alvo do discurso de ódio na internet, 81% vítimas desse crime são mulheres negras entre 20 e 35 anos enquanto 65% dos agentes de tais condutas são homens na faixa de 20 e 25 anos (TRINDADE, 2020).

2. Novas tecnologias informacionais e sociedade digital

O desenvolvimento das novas tecnologias informacionais, base fundamental para a constituição de relações sociais virtuais bem como para a constituição de uma sociedade globalmente conectada, é forjado a partir da crise do capital das décadas de 1960/70 e das decorrentes transformações no mundo do trabalho. A vida, atualmente, mediada pelos aparelhos informacionais, é resultado do processo de desenvolvimento histórico que se inicia com a necessidade de superação de crise e de expansão do capital.

Para que se compreenda a condição das mulheres negras na sociedade brasileira digital, há que se compreender as bases nas quais essas tecnologias foram criadas, pois sua germinação e desenvolvimento estão historicamente determinados pelas relações sociais e econômicas existentes; as escolhas em se realizar um produto tecnológico ou outro são desdobramento das necessidades históricas de uma época (WILLIAMS, 2011) e, no modo de produção capitalista, elas são oriundas, predominantemente, das demandas provenientes do processo de acumulação do capital.

Com grande impacto no mundo do trabalho, a crise de acumulação experienciada entre as décadas de 1960 e 1970[(5)] desencadeou profundas transformações nos países de capitalismo central que também impactaram sobremaneira os países periféricos, promovendo alterações de forma de organização do trabalho — o fordismo sendo superado pelo toyotismo. Esse movimento impactou o funcionamento do Estado e das políticas públicas — com a substituição do Estado de bem-estar social pelo neoliberal, e incrementou a participação do capital financeiro no processo de acumulação. David Harvey aponta que:

> a mudança tecnológica, a automação, a busca de novas linhas de produto e nichos de mercado, a dispersão geográfica para zonas de controle do trabalho mais fácil, as fusões e medidas para acelerar o tempo de giro do capital passaram ao primeiro plano das estratégias corporativas de sobrevivência em condições gerais de deflação (1993, p. 137).

Almejando condições mais favoráveis à acumulação, um grande investimento de capital foi realizado para transformar as plantas de produção, e para que tal objetivo fosse conquistado, as tecnologias informacionais e de automação foram fundamentais. A introdução dessas tecnologias nos processos produtivos redimensionou a quantidade de trabalhadores e trabalhadoras necessários, flexibilizou as relações de trabalho e redesenhou a localização das indústrias e empresas de serviço no mapa mundial.

---

(5) Acerca dessas transformações, David Havey assevera: "A profunda recessão de 1973, exacerbada pelo choque do petróleo, evidentemente retirou o mundo capitalista do sufocante torpor da 'estagnaflação' (estagnação da produção de bens e alta inflação de preços) e pôs em movimento um conjunto de processos que solaparam o compromisso fordista. Em consequência, as décadas de 70 e 80 foram um conturbado período de reestruturação econômica e de reajustamento social e político" (1993, p. 140).

No final da década de 1980 e início de 1990, as experiências neoliberais chilena, estadunidense e inglesa passaram a ser referência para o mundo como políticas bem-sucedidas, e órgãos como Fundo Monetário Internacional (FMI) e Banco Mundial prometeram o canto da sereia para a superação das altas taxas de inflação e desemprego com seus receituários neoliberais.

Pari passu as transformações na produção e nas políticas de Estado também desenvolveram novas formas de consumo, ampliando a mercantilização da vida e alterando as formas de satisfação das necessidades socialmente criadas. É nesse movimento que as novas tecnologias informacionais são introduzidas na vida cotidiana, extrapolando o espaço do trabalho e conquistando a vida doméstica e privada.

As tecnologias de informação e comunicação (TICs) assumem lugar central, mediando a relação do indivíduo com a sociedade.(6) Importante frisar que nesse processo de introdução das novas tecnologias informacionais na vida cotidiana, constata-se a reprodução das desigualdades sociais preexistentes. No caso brasileiro, evidenciam-se desigualdades de acesso, por exemplo, à *internet*, uma vez que "nas classes D e E, 84% dos usuários acessaram a rede apenas pelo telefone celular, proporção que diminuiu nas classes socioeconômicas mais altas, alcançando apenas 6% dos usuários de classe A" (TIC DOMICÍLIOS, 2023, p. 69).

Outro dado que demonstra o acesso desigual às TICs no Brasil se apresenta quando é conhecida a proporção de usuários de computador (considerando quem utilizou o dispositivo pelo menos uma vez nos três meses que antecederam à realização da pesquisa que realizou a quantificação) constatando-se que apenas 38% da população teve acesso ao aparelho. Ainda, reconhece-se que os acessos ao computador estão concentrados entre indivíduos da classe A (91%) e B (68%) ou que cursaram até o ensino superior (80%) (TIC DOMICÍLIOS, 2023).

---

(6) A esse respeito, cita-se a obra de David Le Breton (2013), na qual o intelectual traz reflexões demonstrando uma profunda transformação no papel do corpo como elemento para mediação da vida em sociedade, sendo substituído pela máquina.

Portanto, da mesma forma que a introdução das novas tecnologias no processo produtivo brasileiro reproduziu e incrementou as desigualdades regionais e sociais, pois ocorre associada à precarização das relações de trabalho, o consumo das TICs também ocorre de maneira desigual. Mantém-se o caráter restrito à cidadania e à democracia enquanto os intensos processos de exploração do trabalho são reconfigurados, mas não superados.

Considerando que "o Brasil se define pela raça" (SCHWARCZ, 2017) e, portanto, fundamenta o capitalismo brasileiro, essa estrutura tem continuidade após as transformações do mundo do trabalho e a introdução das novas tecnologias informacionais tanto no processo produtivo como na vida cotidiana. De acordo com Tic Domicílios (2022), os não usuários de internet no Brasil totalizam 29 milhões, na área urbana, e 7 milhões, na área rural. Destes, 21 milhões são pretos ou pardos, enquanto os brancos somam 12 milhões.

3. Novas tecnologias e mulheres negras na sociedade brasileira: expressão da democracia restrita

As relações sociais são formadas e informadas por múltiplas determinações e, dessa maneira, as transformações econômicas acima mencionadas devem ser associadas às questões dos grupos minorizados. Harvey anuncia que:

> embora seja verdade que a queda da importância do poder sindical reduziu o singular poder dos trabalhadores brancos do sexo masculino nos mercados do setor monopolista, não é verdade que os excluídos desses mercados de trabalho — negros, mulheres, minorias étnicas de todos tipo — tenham adquirido uma súbita paridade (exceto no sentido de que muitos operários homens e brancos tradicionalmente privilegiados foram marginalizados, unindo-se aos excluídos). Mesmo que algumas mulheres e algumas minorias tenham tido acesso a posições mais privilegiadas, as novas condições do mercado de trabalho de maneira geral reacentuaram a vulnerabilidade dos grupos desprivilegiados [...] (1993, p. 144-145).

A introdução das novas tecnologias informacionais no processo produtivo ocasionou uma reordenação do mundo do trabalho, como já apresentado no item anterior. Cabe destacar, ainda, que os grupos vulnerabilizados continuaram nessa condição, mas com uma reconfiguração no âmbito político e social. O neoliberalismo, como forma política da sociedade digital, regulou o mundo do trabalho para manter a acumulação do capital, estrangulou a participação social, impôs derrotas aos trabalhadores concretamente considerados e os tornou ainda mais vulneráveis em condições ainda mais precarizadas.

Historicamente, como já explanado, as transformações econômicas e, portanto, do mundo do trabalho, levaram à permanência das mulheres negras como trabalhadoras domésticas, sem valor econômico e social reconhecido.(7) Matias e Araújo ressaltam que o "trabalho doméstico remunerado no país se confunde com a própria história nacional [...] de modo que o consumo de serviços domésticos se torna parte da identidade das classes mais altas e se apoia nas colossais desigualdades raciais que estruturam as relações sociais no país" (2023, p. 292).

De acordo com o IPEA, em 2018, "6,2 milhões de pessoas, entre homens e mulheres, estavam empregadas no serviço doméstico, [sendo que] mais de 4 milhões eram pessoas negras – destas, 3,9 milhões eram mulheres negras" (2019, p. 12). Além do mais, "do total de ocupadas no mercado de trabalho, 18,6% das mulheres negras exerciam trabalho doméstico remunerado, proporção que cai a 10%, quando se trata de mulheres brancas" (2019, p. 12). Logo, o estudo expõe que o discurso neoliberal de que todas e todos podem estar e fazer o que quiserem é ideologicamente orientado para escamotear a realidade: o racismo estrutural segue organizando as relações sociais.

Baseado em dados do IBGE, do Censo de Educação Superior de 2019 e da Associação das Empresas de Tecnologia da Informação e Comunicação e de Tecnologias Digitais de 2018, o PretaLab (2022) afirma que

---

(7) Somente com a Lei complementar n. 150/2015, que regulamentou a Emenda Constitucional n. 72/2013, é que houve equiparação dessa categoria aos demais trabalhadores brasileiros no que diz respeito aos direitos trabalhistas. Ainda assim, o IPEA mostra que, em 2018, apenas 28,6% das trabalhadoras domésticas estavam inseridas no sistema de proteção social, ou seja, com registro em carteira.

as mulheres negras representam 28% da sociedade brasileira e, dentre elas, apenas 3% estão matriculadas nos cursos de engenharia da computação e 11% em postos de empresas de tecnologia no Brasil.

No que diz respeito ao acesso à internet, vale retornar aos dados trazidos no Tic Domicílios, visto que se constatou que a maior parte dos usuários que somente usaram o telefone celular é de mulheres, (64%), enquanto os homens são 59%. Em adição, a porcentagem é mais "elevada entre pessoas pardas (67%) e pretas (63%) em relação a pessoas brancas (54%)" (2002, p. 69). A mesma pesquisa ainda mostra a desigualdade de gênero no que diz respeito às habilidades com os equipamentos, programas e afins, o que implica "oportunidades desiguais de inserção na força de trabalho e de manutenção de salários e condições de trabalho entre homens e mulheres economicamente ativos" (TIC DOMICÍLIOS, 2022, p. 74).

Note-se que as estatísticas sobre a relação entre classe, raça, gênero e tecnologia, ainda que sejam incipientes, já apontam para a menor inserção das mulheres negras nesse ambiente; são elas que ficam marginalizadas, verificando a permanência das desigualdades estruturais na sociedade digital.

E isso se dá porque a raça[8] "se relaciona fundamentalmente com um dos aspectos da reprodução das classes sociais, isto é, a distribuição dos indivíduos nas posições da estrutura de classes e dimensões distributivas da estratificação social" (GONZALEZ e HASENBALG, 1982, p. 90). Não é algo linear e resultado direto da escravidão, como já dito, é relacional às transformações econômicas e políticas. A condição da mulher negra, portanto, está imbricada à particularidade do capitalismo no Brasil.

O capitalismo dependente, que se expressa na dupla articulação entre burguesias nacional e internacional para superexploração e sobreapropriação do excedente do trabalho, dinamiza a economia interna e externa, garantindo, sobretudo, a acumulação de capital e gerando as relações sociais pautadas na segregação social, racial e sexual.

---

(8) De acordo com Almeida, "raça não é um termo fixo, estático. Seu sentido está inevitavelmente atrelado às circunstâncias históricas em que é utilizado. Por trás da raça sempre há contingência, conflito, poder e decisão, *de tal sorte que se trata de um conceito relacional e histórico*. Assim, a história da raça ou das raças é a história da constituição política e econômica das sociedades contemporâneas" (2018, p. 18, grifo nosso).

O capitalismo dependente é, acima de tudo, um sistema de produção que "associa luxo, poder e riqueza, de um lado, à extrema miséria, opróbrio e opressão, do outro" (FERNANDES, 1976, p. 303) e leva à democracia restrita, ou seja, o exercício da cidadania fica restrito às frações dominantes de classe e os demais são excluídos "desqualificados ou neutralizados; a maioria, mesmo eleitoral, não tem influência concreta" (FERNANDES, 2019, p. 88).

Considerando que a democracia moderna é um arranjo inserido pela e na economia capitalista, a democracia no Brasil é a concertação da particularidade aqui estabelecida. A desigualdade abismal na sociedade brasileira se expressa na forma pela qual os grupos sociais gozam, ou não, dos direitos estabelecidos no ordenamento jurídico. Ainda que mulheres negras ocupem posições no alto comando das empresas, da Administração Pública ou nas universidades, não significa que isso seja predominante e, assim, a condição da mulher negra é, ainda, de expressão da democracia restrita.

Importante destacar que as mulheres negras são representadas na relação com a tecnologia apenas como objeto, ou seja, nas imagens ou formas representativas para mostrar a falácia da inclusão. Na prática, não são mulheres negras que estão com o poder de gestão e desenvolvimento de novas tecnologias.

Há mulheres negras em diversos postos de trabalho, é sabido; o que se quer destacar é que a condição da mulher negra no Brasil é precária: as mais assujeitadas pela carga tributária, as que recebem menores salários, as que mais estão privadas do acesso ao saneamento básico e as que mais sofrem com as dificuldades de inserção no mercado de trabalho na sociedade digital.

Considerações finais

A baixa representatividade de mulheres negras nos espaços de formação em tecnologias, engenharias e inteligência artificial acontece em razão do racismo enraizado na sociedade. Dados apontam que as empresas públicas e privadas com a falácia da neutralidade naturalizam barreiras que dificultam o acesso de pessoas negras nesses espaços, especialmente, de mulheres negras.

Se para mulheres brancas esses espaços são difíceis pelo mito de que mulheres são biologicamente programadas para atividades de cuidado, e homens para atividades intelectuais e estatísticas, como nas profissões de exatas, para a mulher negra é uma barreira quase intransponível. O imaginário social justifica a ausência de mulheres negras pelo mito de que são incapazes e que não têm formação, porém é só mais uma estratégia das dinâmicas do racismo e sexismo. Resumindo: a dupla discriminação é um dos fundamentos da exclusão, ou seja, não ter o padrão homogêneo de homem e branco afasta as mulheres negras da inclusão digital. O resultado é que muitas mulheres negras não possuem a perspectiva de que elas podem e devem ocupar os espaços que elas desejarem.

Outro dado relevante é compreender que a exclusão acontece pela ausência de rendimento para arcar com acesso a computadores e celulares, impedindo essas mulheres de ampliarem seu negócio, investirem em formação a distância e até terem acesso a informações atualizadas sobre combate à violência doméstica.

Apontamos que as desigualdades regionais fazem com que o acesso digital não seja universalizado, pelo contrário, ele é restrito aos grandes centros metropolitanos e econômicos, e ainda sim, em dimensões distintas entre os próprios grupos. Nesse sentido, a democracia é restrita. Não há democracia enquanto ainda seja normalizada e naturalizada a desigualdade.

Referências

ALMEIDA, Silvio. *O que é racismo estrutural?* Belo Horizonte: Letramento, 2018.

BAHIA, Silvana *et. al. Report 2022.* Disponível em: https://www.pretalab.com/report-2022. Acesso em: 29 out. 2023.

BEIGUELMAN, Paula. *A formação do povo no complexo cafeeiro:* aspectos políticos. 3. ed. São Paulo: Editora Universidade de São Paulo, 2005.

BRASIL. Instituto Brasileiro de Geografia e Estatística (IBGE). *Desigualdades Sociais por Cor ou Raça no Brasil.* 2018. Disponível em: https://biblioteca.ibge.gov.br/visualizacao/livros/liv101681_informativo.pdf. Acesso em: 31 mar. 2023.

______. Instituto de Pesquisa Econômica Aplicada (IPEA). *População em situação de rua supera 281,4 mil pessoas no Brasil:* estimativa divulgada pelo IPEA aponta crescimento de 38% desse segmento, durante a pandemia de covid-19. Estimativa divulgada pelo Ipea aponta crescimento de 38% desse segmento, durante a pandemia de Covid-19. 2023. Disponível em: https://www.ipea.gov.br/portal/categorias/45-todas-as-noticias/noticias/13457-populacao-em-situacao-de-rua-supera-281-4-mil-pessoas-no-brasil. Acesso em: 31 mar. 2023.

CASTELEIRA, Rodrigo Pedro. "Pandemia, racialidade e homens negros em situação de rua". *Revista Interdisciplinar de Direitos Humanos*, Bauru, v. 10, n. 1, p. 85–95, 2022. DOI: 10.5016/ridh.v10i1.130. Disponível em: https://www2.faac.unesp.br/ridh3/index.php/ridh/article/view/130. Acesso em: 3 abr. 2023.

CHANCEL, Lucas. *et al.* 2022. *World Inequality Report 2022*. Disponível em: https://wir2022.wid.world/www-site/uploads/2023/03/D_FINAL_WIL_RIM_RAPPORT_2303.pdf. Acesso em: 31 mar. 2023.

FERNANDES, Florestan. *A revolução burguesa no Brasil:* ensaio de interpretação sociológica, 2. ed. Rio de Janeiro: Zahar Editores, 1976.

______. *Significado do Protesto Negro.* São Paulo: Expressão Popular/Ed. Fundação Perseu Abramo, 2017.

FERNANDES, Florestan. Apontamentos sobre a teoria do autoritarismo. São Paulo: Expressão Popular, 2019.

GONZALEZ, Lélia. "A categoria político-cultural de amefricanidade". *Tempo Brasileiro*, Rio de Janeiro, v. 92, n. 93, p. 69-82, (jan./jun.), 1988, p. 69-82.

______. Racismo e sexismo na cultura brasileira. In: *IV Encontro Anual da Associação Nacional de Pós-Graduação e Pesquisa em Ciências Sociais.* Rio de Janeiro, 1980.

GONZALEZ, Lélia; HASENBALG, Carlos. *Lugar de negro.* Rio de Janeiro: Marco Zero, 1982.

HARVEY, David. *A condição pós-moderna.* São Paulo: Edições Loyola, 1993.

IPEA — Instituto de Pesquisa Econômica Aplicada. *Os desafios do passado no trabalho doméstico do século XXI:* reflexões para o caso brasileiro a partir dos dados da PNAD Contínua. Brasília, DF, nov/2019.

LE BRETON, David. *Adeus ao corpo:* antropologia e sociedade. Campinas: Papirus, 2013.

MACHADO, Maria Helena Pereira Toledo. "Corpo, gênero e identidade no limiar da abolição: a história de Benedicta Maria Albina da Ilha ou Ovídia, escrava (Sudeste, 1880)". *Afro-Ásia*, Salvador, n. 42, 2010. Disponível em: https://periodicos.ufba.br/index.php/afroasia/article/view/21212. Acesso em: 29 out. 2023.

MATIAS, Krislane de Andrade; ARAÚJO, Anna Bárbara. "Configurações do trabalho doméstico remunerado na pandemia e no pós-pandemia: desigualdades e vulnerabilidades no cuidado domiciliar". In: CAMARANO, Ana Amélia; PINHEIRO, Luana. *Cuidar, verbo transitivo:* caminhos para a provisão de cuidados no Brasil. Rio de Janeiro: Instituto de Pesquisa Econômica Aplicada (IPEA), 2023. p. 289-313.

RODRIGUES, Jaime. *O infame comércio:* propostas e experiências no final do tráfico de africanos para o Brasil (1800-1850). Campinas: Editora da UNICAMP, CECULT, 2000.

SCHWARCZ, Lilia Mortiz. *O espetáculo das raças:* cientistas, instituições e questão racial no Brasil (1870-1930). São Paulo: Companhia das Letras, 2017.

TELLES, Lorena Feres da Silva. *Libertas entre sobrados:* contratos de trabalho doméstico em São Paulo na derrocada da escravidão. 2011. Dissertação (Mestrado em História Social) - Faculdade de Filosofia, Letras e Ciências Humanas, Universidade de São Paulo, São Paulo, 2011. doi:10.11606/D.8.2011.tde-10082012-170442. Acesso em: 29 out. 2023.

TIC DOMICÍLIOS: *Pesquisa sobre o Uso das Tecnologias de Informação e Comunicação nos Domicílios Brasileiros 2022*. São Paulo: Comitê Gestor da Internet no Brasil, 2023. Disponível em: https://www.nic.br/media/docs/publicacoes/2/20230825143720/tic_domicilios_2022_livro_eletronico.pdf. Acesso em: 29 out. 2023.

TRINDADE, Luiz Valério. Mídias sociais e a naturalização de discursos racistas no Brasil. In: SILVA, Tarcízio. *Comunidades, algoritmos e ativismos digitais:* Olhares afrodiaspóricos. São Paulo: Consultoria Editorial: LiteraRUA, 2020.

WILLIAMS, R. *Política do modernismo:* contra os novos conformistas. São Paulo: Unesp, 2011.